KB187392

습관은 반드시 실천할 때 만들어집니다.

좋은습관연구소가 전하는 스무 번째 습관은 '변호사의 글쓰기 습관'입니다. 좋은 변호사란 논리적으로 그리고 인간적으로 의뢰인의 문제를 해결하고 원하는 결과를 얻어내는 사람입니다. 우리가 하는 일도 이와 크게 다르지 않습니다. 결국은 논리성과 인간성이라는 두 가지 요소를 가지고서 타인을 설득하는 일을 합니다. 변호사의 글쓰기 습관을 통해 이 두 가지를 배웠으면 합니다.

변호사의 글쓰기 습관

논리적이고 인간적으로 설득하는 법

서문

이 책을 쓰게 된 얘기에 앞서 변호사가 되기까지의 내 개인사부터 좀 털어놓아야겠다. 우리 집은 그리 넉넉한 가정 형편을 갖고 있지는 못했다. 부모님은 밤낮으로 열심히 일했지만 벌이가 충분할 정도는 아니었다. 그래서 청소년 시절 돈 때문에 하고 싶은 것을 하지 못할 때면 무척 자존심이 상했다. 그때 내 자존심을 세워줄 수 있는 유일한 무기는 공부였다. 공부 잘한다는 소리가 듣기 좋았고 내 배경과 상관없이 다른 사람들이 나를 인정해주는 것이 좋았다. 나는 돈에 구애받지 않고 내가 하고 싶은 것을 마음껏 할 수 있는 방법은 오직 공부뿐이라고 생각했다. 자연스럽게 내 목표는 명문대학으로 정해졌다. 하지만 특별한 사교육 없이 명문대학에 들어가기는 쉽지 않은 일이었다. 세상에는 나 말고도 공부 잘하는 아이들이 너무 많았다.

대학 생활은 그렇게 또다시 열등감을 가져다 주었다. 목표하는 대학에 가지 못하니 학교 생활이 재미 없고 마치 패배자처럼 스스로가 생각되었다. 나는 다시금 내 자존심을 세울 목표가 필요했다. 남들이 나를 인정해줄 수 있는 목표, 그때 내 눈에 들어온 것이 사법시험이었다. 공부만 열심히 하면 된다는 생각에 내 꿈은 차츰 '법조인'으로 자리를 굳혀갔다. 가난한 고학생이 고시에 합격해서 성공했다는 뉴스를 접하는 일이 지금 보다는 많던 시절이었다. 그래서 더더욱 사법시험에 합격하고 싶었다. 명문대 출신도 합격하기 어렵다는 사법시험에 합격한다면 나의 열등감과 자격지심이 조금이나마 상쇄되지 않을까 싶었다. 그러면 소위 나도 '성공'이란 걸 하는 거라고 생각했다. 지금에서야 고백하지만 법조인의 꿈을 가지게 된 건 사회정의 실현 같은 사명감과는 거리가 멀었다.

열심히 공부에 매달린 끝에 나는 사법시험에 합격할 수 있었다. 합격만 하면 부모님께 효도도 하고 장밋빛 미래가 펼쳐질 줄 알았다. 하지만 현실은 그렇지 못했다. 산 넘어 산이라고 사법연수원 생활도 녹록하지 않았다. 판검사로 임용되기 위해 그리고 좀 더 좋은 로펌으로 들어가기 위해 또다시 엄청난 양의 공부를 소화해야 했고 동료와의 경쟁도 피할 수 없었다. 그렇게 끊임없이 무언가를 요구받는 현실이 답답했다. 원하는 시험에 합격하고 법조인이 될 자격을 얻었지만 내 안은 여전히 채워지지 않은 느낌이었다. 그렇게 나는 변호사가 되었다.

변호사라는 일은 타인을 대변하는 일이다. 절박한 심정으로 찾아온 의뢰인의 말을 듣는 것에서부터 변호사의 일은 시작된다. "변호사님, 억울하고 답답해요." 의뢰인들로부터 가장 많이 듣는 말이다. 많은 사람들이 인생에서 힘들고 어려운 순간을 맞이할 때 변호사를 찾는다. 스스로의 힘으로 해결하기 벅찰 때 자신의 문제를 변호사가 처리해 주기를 바란다. 그래서 의뢰인 입장에서는 마지막으로 의지할 수 있는 사람이 변호사다.

감정을 철저히 배제하고 싶지만 변호사도 사람인지라 의뢰인의 삶의 단편을 엿보다 보면 그들의 감정이 고스란히 전달되어 안타까운 마음이 들기도 하고 내 일처럼 가슴이 아프기도 한다. 그래서 의뢰인의 절체절명 순간이 될지도 모를 일을 해결해야 한다고 생각하면 어깨가 짓눌리는 느낌이 들고 가끔은 몸과 마음이 소진되는 기분도 든다. 특히 성폭력 피해자를 대리할 때는 그들의 고통에 가슴이 아프다가도 뻔뻔하게 행동하는 가해자를 만나면 화가 나기도 한다.

고용 변호사로 일할 때에는 나 스스로가 납득할 수 없는 사건도 맡아야 했다. 변호사인 나조차도 의뢰인의 이야기에 설득되지 않거나, 편법을 써서라도 어떻게든 문제 해결만 바라는 의뢰인을 만나게 되면 '내가 이러려고 변호사가 됐나' 하는 자괴감이 들기도 했다. 아무리 해도 안 될 사건을 되게끔 해달라고 억지를 부리는 의뢰인 앞에서는 나는 아무것도 할 수 없는 변호사일 뿐이었다. 그러다 보니 결과에 대한 스트레스도 만만치 않았다. 결과보다 과정이 중요하다는 말도 있지만 소송에 있어서만큼은 이런 게 통하지 않았다. 결과가 좋지 않을 것 같아 소(訴) 제기를 만류한 사건이라도 결국 패소를 하게 되면 "당신이 대체 한 일이 뭐냐!"라는 말을 의뢰인들은 서슴없이 내뱉었다. 최선을 다했음에도 결과에 대한 책임은 온전히 변호사의 몫이었고 결국 더 말리지 않은 내가 문제였다. 무거운 책임감은 계속해서 나를 힘들게 했고 내 억울함과 답답함은 풀리지 못한 채 쌓여만 갔다. 계속 이렇게 일하다가는 나를 잃어버릴 것 같은 느낌이 들었다. 일에 매몰되지 않고 버티기 위해서는 나를 견고히 해야만 했다.

몰려드는 허탈감으로부터 벗어나기 위해 나는 책을 읽기 시작했다. 세상 쉬운 일이 하나도 없다고 하는데, 나도 내 일이 이렇게 힘든데, 자신의 분야에서 성공을 거둔 사람들은 도대체 어떻게 했길래 저 위치에 오를 수 있었을까? 그들도 분명 수많은 스트레스와 불편한 관계, 클레임 등이 있었을 텐데 어떻게 이 모든 걸 돌파했을까? 나는 그들의 이야기가 궁금하지 않을 수 없었다. 그렇게 자연스럽게 자기계발 서적을 읽기 시작했다. 성공한 사람들의 평소 생활과 그들의 생활 습관이 궁금했다. 그리고 더 좋은 변호사가 되기 위해, 신뢰할 수 있는 변호사가 되기 위해, 존경받는 변호사가 되기 위해 이들을 따라한다면 지금보다 좀 더 나아지지 않을까 하는 생각을 했다. 그렇게 책 읽기를 시작했고 그들을 흉내내기 시작했다. 그러면서 자연스레 글쓰기도 하게 되었다.

글쓰기의 시작은 이처럼 허탈감으로부터의 탈출이었다. 그리고 보다 결정적이었던 계기는 출산(出産)이었다. 아이를 낳고 잠시 일을 쉬는 동안 태어난 아이와 눈을 마주치고 아이를 돌보는 시간은 그 무엇과도 바꿀 수 없는 행복한 시간이었지만 변호사 일은 점점 뒤처지고 마는 것이 아닌가 하는 불안감이 있었다. 나는 이런 불안감을 떨치기 위해 무엇이든 해야 했고, 그때 할 수 있는 일이란 책을 읽고 블로그에 글을 쓰는 것밖에 없었다. 글쓰기는 나에게 탈출구였으며 나를 치유해주는 일이었다.

나는 업무에 복귀하면서 본격적으로 글을 쓰기 시작했다. 이때부터는 퍼스널 브랜딩을 위한 글쓰기를 고민했다. 하지만 글을 쓴다고 해서 당장 내 이름이 알려지거나 사건수임이 되리라고 생각하지는 않았다. 무엇을 바라는 마음보다는 불안함을 달래기 위한 위안으로 글을 썼다. 무엇이라도 하고 있고, 노력하고 있다는 마음을 갖는 게 중요했다. 그렇게 '변호사로서 내 일을 잘하기 위한 글쓰기'와 '나를 알리고 내 일을 돌아보는 글쓰기' 두 개의 글쓰기가 나에게 주어졌다.

나는 이 책에서 글쓰기를 크게 세 가지 영역으로 나누어 소개하고자 한다. 첫 번째는 바로 변호사의 핵심 업무라 할 수 있는 '논리적인 글쓰기' 서면(書面) 쓰기이다. 여기서 서면이란 변호사가 수사기관이나 법원에 제출하는 법률 문서를 말한다. 이 문서에는 사건의 개요가 무엇이고 내가 변호하는 의뢰인이 주장하는 바가 무엇이며 상대방 주장에서 무엇이 문제인지 조목조목 설명하는 내용이 담겨있다. 변호사를 말을 잘하는 사람으로 생각하기 쉬운데(TV나 영화 속 변호사들은 그렇다), 법정에서 말을 하는 시간은 생각보다 그리 길지 않다. 변호사는 사실 서면으로 변론을 한다고 해도 과언이 아니다. 두 번째는 '나를 알리는 글쓰기'이다. 내 일을 오랫동안 지속하며 변호사로서 나의 가치관과 철학을 분명하게 하는 글쓰기이다. 자연스럽게 개업 변호사에게 필요한 홍보 나아가 퍼스널 브랜딩에 도움을 주며 내 일에 대한 자부심과 가치를 스스로 되새기는 데 도움을 준다. 이 두 가지를 모두 잘하려면 '기본적인 글쓰기의 힘'이라는 것이 필요하다. 어떤 종류의 글이든 글쓰기를 잘하기 위한 밑바탕 같은 것 말이다. 이런 글쓰기의 베이스가 되는 것을 별도의 다섯 가지 습관으로 정리하고 '글쓰기의 힘을 키워주는 습관'으로 세 번째 챕터를 만들었다.

변호사로 일한 지 어느덧 8년이라는 시간이 지났다. 출간을 처음 제안받았을 때는 과연 내가 책을 써도 될까 하는 생각에 무척 조심스러웠다. 물론 지금도 그 생각에는 변함이 없다. 그러다 보니 책을 쓰는데 상당한 용기가 필요했다. 책이 출간되기까지 도움을 주고 고생한 좋은습관연구소의 이승현 대표님께 진심으로 감사의 인사를 전한다. 책을 쓰면서 자꾸만 작아지는 나에게 용기를 북돋아 준 남편과 가족의 무한한 지지가 있었기에 이 책이 세상에 나올 수 있었다. 특히 욕심 많은 딸에게 글 쓸 시간을 마련해 준 사랑하는 나의 엄마에게 고마운 마음을 전한다. 이제는 제법 말문이 트이기 시작해 온종일 재잘거리는 아들 서준이에게도 고맙고 사랑한다는 말을 전하고 싶다.

끝으로 독자들께서는 세상의 수많은 변호사들 중 이런 마음을 갖고 자신만의 방식으로 살아가는 변호사도 있구나 하는 너른 마음으로 이 책을 읽어주셨음 좋겠다. 글쓰기가 나에게 그랬던 것처럼 이 책이 많은 분에게 지친 일상의 힘이 되는 버팀목이 되었으면 하는 바람이다.

차
례

1부

논리적인 글쓰기

원하는 결과를 얻기 위한 서면(書面) 쓰기

01

말보다 글이 편한 사람, 변호사

가슴에는 배지를 달고 검은 정장을 입은 변호사가 한 손에는 서류를 들고 법정 안을 거닐면서 말한다.

"존경하는 재판장님, 본 변호인은⋯."

우리가 흔히 보는 드라마 속 변호사의 모습이다. 나 역시 변호사가 되기 전에는 법정에서 다들 이렇게 변론하는 줄 알았다. 사법시험 공부를 할 때만 해도 법정에서 멋진 변론으로 좌중을 휘어잡는 내 모습을 상상하기도 했다. 하지만 현실은 이와 많이 다르다.

변호사는 말을 많이 할까 글을 많이 쓸까? 둘 다 많이 하겠지만 내가 경험하기로는 글쓰기를 훨씬 더 많이 한다. 실제로 변호사가 되고 보니 법정에서 말을 하는 시간(TV에서 본 변호사들처럼)보다 모니터를 앞에 두고 글을 쓰는 시간이 훨씬 많았다. 몇천 페이지가 넘는 기록을 읽고 서면을 쓰다 보면 사무실에서 새벽을 맞이하는 일도 비일비재했다. 글을 쓰지 않는 시간에는 의뢰인과 상담을 하고 기록을 읽는데 이것도 결국 서면을 쓰기 위한 일이었다.

공판중심주의, 구두변론주의라는 말이 있다. 모든 증거를 공판에 집중시켜 법원에서 형성된 심증만을 토대로 심판하라는 것이다. 이러한 공판중심주의는 구두변론주의를 전제로 한다. 즉, 법정 안에서 말로 싸우라는 것이다. 그렇다면 실제로는 어떨까? 민사소송의 경우 재판에 나가 "4월 11일자 제출한 준비서면을 진술하겠다"고 하면 이미 제출한 서면을 말로 한 게 된다. 그리고 나서 원고와 피고의 변호사들은 각자 작성한 서면에서 핵심 주장에 해당하는 부분만 간략히 언급하는 정도로 끝낸다. 판사는 더 제출할 증거나 서면이 없는지를 확인하고 다음 재판 날짜를 정한다. 형사소송도 이와 별반 다르지 않다. 증인을 부르지 않는 한 대부분의 재판은 이런 식으로 진행된다. 서면과 증거를 재판 전에 미리 제출하고 그것에 대해서만 간단히 언급한다. 그리고 조금 말을 길게 한다 싶으면 판사가 이렇게 말하며 제지한다. "서면으로 제출하세요." 그래서 아무리 언변이 뛰어난 변호사라 할지라도 결국에는 글로 판가름이 난다.

지방 재판이라도 있는 날에는 꼭두새벽같이 일어나 KTX에 몸을 실어야 한다. 법원에 가는 데만 족히 너덧 시간이 걸리는 데 판사 앞에 서는 시간은 고작 10분이 전부인 경우가 대다수다. 처음에는 재판이 원래 이런 건가 싶어 허탈하기도 했다. 내려간 김에 근처 사는 지인들을 만나거나 식사라도 하고 오면 좋겠지만 변호사가 그런 여유를 부릴 입장은 되지 못한다. 그래서 이런 경우 변호사들은 '복대리(複代理)'를 종종 이용한다. 복대리인은 변호사가 선임하지만 변호사의 대리인은 아니다. 의뢰인이 기존에 선임한 변호사와 마찬가지로 의뢰인의 대리인일 뿐이다. 재판 시간이 겹치거나 지방 재판의 경우처럼 변호사가 직접 가기 힘들 때는 복대리인인 변호사를 대신 참석시킨다. 형사재판을 제외하고는 복대리가 가능하다.

재판에 늘 함께 갔던 우리측 의뢰인은 내게 "상대방은 변

호사가 매번 바뀌네요. 너무 소홀한 것 같아요"라고 말한 적
이 있다. 의뢰인이 보기에는 복대리 제도가 탐탁지 않은 모
양이었다. 그런데 만약 서면마저도 대신 써주는 변호사가 있
다는 걸 안다면 어떨까. 재판에 복대리인을 보냈다고 해서
변호사가 그 사건을 소홀히 생각하고 있다는 건 절대 아니
다. 물론 10분 남짓한 재판이라도 담당 변호사가 직접 나가
는 게 의뢰인 입장에서는 변호사를 신뢰할 수 있는 일이다.
그래서 나는 가급적이면 직접 법정에 나가는 걸 원칙으로 하
고 어쩔 수 없는 경우에만 복대리를 쓴다. 그리고 서면만큼
은 대리를 쓰지 않고 직접 작성한다.

변호사는 대필가가 아니다

　처음 이혼 사건을 맡았을 때의 일이다. 나는 바람을 피운
유책 배우자(혼인 생활의 파탄에 대하여 주된 책임이 있는 남편 혹은 아
내)를 대리했고, 상대방의 위자료 청구를 방어해야 했다. 즉,
우리 의뢰인의 잘못으로 이혼하는 게 아니라는 주장을 해야

했다. 그런데 상간녀와 밀담을 주고받은 카카오톡 메시지나 누가 봐도 연인처럼 보이는 사진 등 바람 피운 증거는 너무나 많았다. 하지만 어떻게 된 거냐고 묻는 나에게 의뢰인은 그저 '그냥 아는 여자' 소리만 반복했다. 한숨이 나왔다. 그러면서도 나는 의뢰인을 대리해야 하는 상황이다 보니 그럴싸한 표현을 찾고, 바람 핀 게 아니라는 변론 방법에 대해 고민해야 했다. 한마디로 이게 뭐하는 건가 싶었다.

'그냥 아는 사람이라니…' 나는 "피고1과 피고2는 그냥 아는 사이이며 원고가 친밀한 둘 사이를 오해한 것뿐입니다"라고 서면을 작성할 수밖에 없었다. 하지만 담당 변호사인 내가 봐도 너무 명백한 사실인데, 재판정에서는 의뢰인과 함께 오리발을 내밀어야 했다. 이런 사건은 정말이지 서면이 잘 써지지 않는다. 그날 법정에서 판사는 내게 이렇게 물었다.

"피고 측 대리인, 유책 배우자라는 사실을 부인하시네요?"

"네"

"아니 대리인, 카톡 메시지도 그렇고, 사진도 그렇고, 아니라고요?"

"네, 그냥 아는 사이라고 합니다."

그런 날은 10분의 짧은 시간마저도 마치 한 시간처럼 길게 느껴진다. 내가 처음부터 이 사건을 맡았다면 의뢰인에게 이런 방향을 제시하지는 않았을 것이다. 당시에 나는 법률사무소에 소속된 변호사였기 때문에 회사와 의뢰인의 주장을 따를 수밖에 없었다. 이미 증거는 충분한데 단지 아니라고만 주장하는 말을 누가 믿어줄까. 의뢰인이 하자는 대로 앵무새처럼 말하는 변호사를 원한다면 사실 변호사는 따로 할 일이 없다.

가끔 변호사를 무슨 대필가로 착각하는 의뢰인도 있다. 자신의 말을 그냥 그대로 받아 적기를 바라는 의뢰인도 있다. 변호사는 의뢰인의 손해를 최소화하는 방향이 무엇인지 함께 고민하는 사람이다. 그래서 의뢰인에게 가장 이익이 되는 방향이 무엇인지를 생각해서 의뢰인을 대신해 판사와 검사를 설득하는 사람이 변호사이다. 보다 정확하게는 설득하는 글을 쓰는 사람이 변호사이다.

글을 잘 쓰는 변호사가 되고 싶다

법조인이 쓰는 글은 정형화된 틀이 있다. 판결문, 공소장, 준비서면 등 모두 형식이 있어서 그에 맞춰 써야 한다. 처음 판결문이나 공소장을 보는 이들은 당연히 어렵게 느끼기 마련이다. 변호사 역시도 법률용어를 사용하고 틀을 갖춘 서면을 쓰지만 의뢰인에게 설명을 해야 한다는 점에서는 판사나 검사와는 조금 다르다. 예를 들어 서면에서는 '기소(起訴)'라는 용어를 쓰지만 의뢰인에게는 '검사가 법원으로 사건을 넘겼다'는 말로 대신한다. 변호사는 일상의 언어와 법률용어를 넘나들면서 서면을 쓰고 의뢰인과 소통한다. 요즘에는 법률용어도 알기 쉬운 말로 바꾸려는 노력을 하고 최근에는 존댓말로 쓴 판결문이 등장해서 화제가 되기도 했다.

사람들은 내 직업이 변호사라고 하면 말을 잘할 거라고 생각한다. "말싸움 잘하겠어요"라며 농을 건네는 이들도 있다. 변호사지만 싸움도 싫어하고 말하는 것도 별로 좋아하지 않는다고 하면 어떤 반응을 보일까. 변호사는 사실 달변가일 필요는 없다. 실제로 말을 아주 잘하는 변호사도 있지만 말을 못해도 실력은 출중한 변호사들이 많다. 나 역시도 그리 말 잘하는 변호사 축에는 속하지 않는다. 그래도 변호사로 일하는 데에는 전혀 지장이 없다.

대신 변호사는 말보다 글을 잘 써야 한다. 앞서 변호사가 법정에서 말보다 글로 변론한다고 한 것처럼 변호사에게는 글이 곧 말이 된다. 우리가 흔히 생각하는 청산유수처럼 말이 술술 흘러나오는 그런 것이 아니라 논리정연한 말, 논리정연한 글을 잘 쓰는 사람이라 할 수 있다. 그런데 이런 말을 평소에 많이 하게 되면 말 잘하는 사람이 아니라 재미없는 사람으로 오해를 받는다. 혹시 우리 자식이 말 잘한다고 생각해서 변호사를 시켜야겠다고 생각한다면 다시 한번 생각해 보아야 한다. 오히려 글 잘 쓰는 우리 아이를 소설가 대신 변호사를 시켜야겠다고 생각하는 것이 더 나은 판단일지도 모른다. 여담이지만 반성문을 잘 쓰는 아이가 있다. 스스로 자신의 잘못이 무엇 때문에 비롯되었는지 변명도 잘하고 앞으로는 그러지 않겠노라 다짐도 그럴듯하게 써내는 아이들이 있다. 딱 이런 아이들이 변호사감이다.

사법시험에 합격해 사법연수원을 가게 되면 읽고 쓰는 연습을 하는 데만 장장 2년의 시간을 보낸다. 판결문 쓰는 연습, 공소장 쓰는 연습, 준비서면을 쓰는 연습 등 글쓰기 연습에 2년의 시간을 보내지 구술시험은 단 한 번도 본 적이 없다. 물론 말할 기회의 장은 얼마든지 많다. 발표도 많고 건배사를 외칠 일도 많다. 그때만 해도 연수원에서 말 잘하는 동기를 볼 때면 "우와! 어쩜 저렇게 말을 잘하지"라는 생각을 했다. 좌중을 압도하는 유려한 말솜씨는 누구에게나 부러움의 대상이 된다. 하지만 변호사의 말하기는 우리가 일반적으로 생각하는 말하기와는 좀 다르다. 변호사의 말하기는 결국 글쓰기에서 비롯된다고 하는 게 좀 더 정확하다. 그래서 나는 훌륭한 변호사가 되려면 말을 잘하려는 노력 이전에 글을 잘 쓰는 노력을 먼저 해야 한다고 생각한다.

지금 나는 서면 쓰기를 넘어 교양 글쓰기까지 욕심을 부리고 있다. 말하기에 영 자신이 없어서 글쓰기에 집중하고 있는 것인지도 모르겠다. 그렇다면 변호사가 글을 잘 쓰면 사건에 승소하느냐? 그건 또 아니다. 당연한 얘기겠지만 제대로 주장했는지 주장에 맞는 근거를 제시했는지가 사건의 승패를 가르는 핵심 요소가 된다. 그래서 변호사로서 글을 잘 쓴다는 것은 얼마나 논리에 맞는 주장을 적절한 근거를 갖고 하느냐에 달려있다.

변호사는 남을 위한 글을 쓰는 사람이다. 의뢰인이 원치 않으면 아무리 필요한 주장이라고 해도 할 수가 없다. 그러면 의뢰인을 설득해야 하는 것 아니냐고 반문할지도 모르겠다. 하지만 설득조차 되지 않을 때가 부지기수다. 이런 경우 변호사로서 사건의 판결이 어떻게 나든 최종 책임에서는 홀가분할 수도 있겠지만, 수임료를 내고 법률 서비스를 받는 의뢰인 입장에서는 변호사가 마냥 예뻐 보일 수 없다. 초보 변호사 시절에는 변호사의 조언을 따르지 않는 의뢰인을 탓하기도 하고 원망을 하기도 했다. 하지만 지금은 내가 의뢰인에게 그만큼 신뢰를 주지 못해서 그런 것 아닌가 하고 스스로 되짚어 본다.

다시 정리하면, 변호사는 의뢰인 편에 서서 의뢰인의 주장대로 판사나 검사를 설득하는 글을 써야 한다. 그래서 변호사는 재판이나 상담이 없을 때는 서류에 파묻혀 한 편의 서면을 완성하기 위해 온종일 책상에 앉아 키보드를 두드린다. 이렇게 서면을 완성하고 나면 온몸의 기가 다 빠져나가는 것 같다. 그렇지만 애써 작성한 서면을 의뢰인에게 보여줬을 때 "제가 하고 싶은 말을 잘 정리해 주셨네요"라고 의뢰인이 한마디 해주면 그동안의 고생은 일순간 사라진다.

어떤 때에는 의뢰인의 감정을 법에서 허용한 글로 다 담아내지 못해 안타까울 때도 있다. 특히 성폭력 피해자를 대리할 때는 그들이 얼마나 아프고 힘든지 그들의 고통을 글로 다 표현하지 못해 무기력함과 답답함을 느끼기도 한다. 어쩌면 이런 마음을 나는 SNS 글쓰기로 치유 받으려 하는 건지도 모르겠다. 그래서 나중에 따로 설명하겠지만 나는 SNS 글쓰기를 열심히 한다. 서면에서 쓰지 못한 말을 꺼낼 창구가 필요하기도 하고, 법적인 조언을 필요로 하는 이들에게 조금의 도움이라도 되는 정보를 줄 수 있는 것 같아서다.

법정에서 하지 못했던 이야기를 SNS에 쓰고 나면 응어리졌던 마음이 풀리기도 하고 내 일의 한계를 조금은 넘어섰다는 생각이 들기도 한다. 주로는 법률정보와 관련된 글이 대다수이긴 하지만 때로는 위로와 용기의 말이 포함되기도 한다. 의뢰인에게 했던 말, 반대로 내가 의뢰인에게서 들었던 말 등 법정 뒤에서 일어나는 여러 이야기를 담고 있다. 그래서 법과 재판과 사건 사이의 수많은 과정을 궁금해하는 사람들에게 마찬가지로 도움이 될 거라 생각한다.

　어쩌면 이 글도 마찬가지일 수 있다. 변호사에 대한 섭섭한 감정을 가진 사람이 변호사의 시시콜콜한 얘기를 보면서 인간적인 이해를 하게 되고 그래서 좀 더 좋은 변호로 귀결될 수 있다면 이 또한 좋은 일이지 않은가. 변호사의 글쓰기는 오늘도 법정에서 그리고 법정 밖에서 계속된다.

02

변호사의 사고방식, 리걸 마인드

드라마 《로스쿨》에는 법조인 집안 출신의 '강솔B'라는 로스쿨생이 나온다. 드라마를 보다 보면 중학교 재학시절 법학 논문을 작성한 게 맞는지 의심받는 장면이 나온다. 이에 강솔B의 엄마는 이런 말을 한다. "애 친가가 대대로 법조인 집안이에요. 집안이 온통 법률 서적에 유치원 때부터 법전을 가지고 놀고 애국가보다 헌법을 더 잘 외웠는데, 타고난 리걸 마인드로 이 정도 실력은 되죠."

타고난 리걸 마인드Legal Mind라니. 리걸 마인드가 타고나는 거라면 집안에 법조인이 단 한 명도 없는 나 같은 사람은 참 슬플 것 같다. 물론 법조인 집안 출신의 법조인도 많다.

아버지가 법조인이어서 그 영향으로 사법시험을 준비해서 합격했다는 합격기를 본 적도 있고, 주변 변호사 중에서도 자녀를 로스쿨에 보냈다고 얘기하는 경우도 있었다. 운동선수 출신의 자녀가 부모의 운동 능력을 이어받아 자신도 뛰어난 운동선수가 되는 것처럼 법조인 출신의 자녀에게도 타고난 리걸 마인드가 탑재되는 걸까.

나는 '리걸 마인드'라는 말을 법대 재학 시절 때 많이 들었다. 교수님들께서는 두꺼운 법전에 빼곡히 적힌 한자를 암호 해독 하듯 공부하는 학생들에게 리걸 마인드를 기르는 것이 중요하다고 틈만 나면 말씀하셨다. 처음 보는 법률용어도 어렵거니와 쏟아지는 한자도 익혀야 하는데 리걸 마인드가 도대체 뭐길래 저렇게 말씀하시는 걸까? 사법시험을 준비하면서도 리걸 마인드에 대해서 깊이 있게 생각해본 적은 없었다. 뭔지도 몰랐고 그걸 기른다고 해서 시험에 합격할 수 있는 것도 아니니 그저 관념에서만 존재했다.

사안의 합리적 해결을 위해서는 리걸 마인드가 필요

법학이라는 학문을 접한 지 20년이 되었지만, 누군가 내게 리걸 마인드가 무엇이냐고 묻는다면 자신 있게 답하기는 어렵다. 다만 사실관계를 바라볼 때 법조인만의 시각이 있는 건 분명하다. 그 시각이 정교해서 사건을 제대로 분석하고 사안을 잘 해결하면 리걸 마인드가 뛰어나다고 말할 수 있다. 법조인들의 일이라는 게 결국 법적으로 문제가 되는 사건들을 사실관계에 맞는 법리 도출을 통해 합리적으로 해결하는 것이기 때문이다. 리걸 마인드는 이 과정에서 필요한 사고방식 체계라 할 수 있다.

1심에서 강제추행죄로 실형을 선고받고 법정에서 구속된 피고인의 가족을 상담한 적이 있다. 피고인이 구속된 경우에는 변호사를 선임하기 전 가족이 먼저 상담을 요청한다. 나는 1심에서 사건이 어떻게 진행되었는지 파악하기 위해 사건기록을 꼼꼼하게 살펴보았다. 1심에서 피고인은 '상대방을 만진 건 맞지만 뭘 어떻게 해보려고 만진 것은 아니다'라는 취지의 주장을 했다. 주장의 요지는 '친해서 별 의미 없이 한 행동이었다'는 것이었다.

이 같은 사실관계를 듣고 변호사는 어떤 과정을 거쳐 판단을 내릴까? 첫 번째, 피고인이 상대방의 신체를 만졌다는 사실에서 강제추행죄를 떠올린다. 이때 형법이 적용될지 특별법이 적용될지 검토한다. 두 번째, 사실관계에 법조문의 구성요건(폭행 또는 협박으로 사람을 추행)을 하나하나 대입해본다. 세 번째, 폭행 또는 협박이 있었는지 검토한다. 그리고 폭행 또는 협박의 의미를 살펴볼 수 있는 판례의 해석을 떠올린다. 판례는 기습추행을 인정하고, 추행행위와 동시에 저질러지는 폭행행위는 반드시 상대방의 의사를 억압할 정도일 필요는 없고 상대방의 의사에 반하는 유형력의 행사가 있으면 힘의 대소강약은 불문한다는 입장이다. 다음 네 번째는 피고인의 행위가 객관적으로 추행에 해당하는지를 검토한다. 이 역시 판례의 해석을 참고한다. 판례에서는 객관적으로 일반인에게 성적 수치심이나 혐오감을 일으키게 하고 선량한 성적 도덕관념에 반하는 행위로서 피해자의 성적 자유를 침해하는 것을 추행으로 본다. 따라서 피고인이 만진 신체 부위가 객관적으로 성적 수치심을 일으킬만한지를 살펴본다. 다섯 번째, 성적인 의도를 갖고 만져야만 추행이 되는지도 검토한다. 법에는 이를 정확히 규정하고 있지 않다. 그래서 법에 없는 내용은 판례로 보충한다. 판례에 따르면 폭행 또는 협박으로 사람을 추행한다는 사실에 대한 인식과 의사만 있으면 강제추행으로 성립된다. 즉, 강제추행죄는 고의만 있으면 성립하고 그 외 성욕을 자극·흥분·만족시키려는 주관적 동기나 목적까지 있어야 하는 것은 아니라는 게 판례의 입장이다. 결론적으로 얘기해 이 사건의 경우 피고인이 아무리 친밀감의 표시로 피해자의 신체 부위를 만졌고 고의성이 없었다고 부인을 해도 소용이 없다. 더군다나 피고인이 만진 신체부위가 성적 수치심을 일으킬만한 부위라면 더 말할 것도 없다.

　나는 잠정적으로 강제추행이 성립하겠다는 결론을 내리고 피고인이 할 수 있는 게 무엇인지 찾아보았다. 1심의 유죄 판결을 뒤집어 2심에서 무죄가 나올 가능성은 희박해 보였다. 그렇다면 무엇이 합리적인 해결일까. 현재로선 의뢰인에게 가장 이익이 되는 방향은 구속을 면하는 것이고 구속을 면하기 위한 방법으로 집행유예를 생각해 볼 수 있었다. 그러면 집행유예를 받기 위해서는 무엇을 해야 할까?

좀 길게 법리 과정을 차근히 순서대로 풀어 보았지만 사실 모든 사건이 이처럼 일목요연하게 정리되지는 않는다. 머릿속에서 뒤죽박죽 쟁점을 빠르게 정리하는 경우도 있고 복잡한 사건은 충분한 시간을 두고 차분히 검토하기도 한다. 이처럼 사실관계를 파악해서 쟁점을 찾아내고 결론을 논리적으로 도출해내는 전 과정에 리걸 마인드가 개입한다.

변호사는 이러한 사고체계를 바탕으로 서면을 쓴다. 변호사라고 모든 법과 판례를 다 알지는 못한다. 그러나 어떤 사안을 접할 때 '이런 법이 있을 텐데' '비슷한 판례가 있지 않을까'라면서 관련된 법이나 판례를 찾아내 적용할 수도 있고 사안 해결에 필요한 자료를 찾아낼 수도 있다. 법조문도 없고 판례도 없다 하더라도 이러한 상황에서는 이런 법리를 적용하는 게 타당하다는 근거를 댈 수 있어야 괜찮은 변호사라 할 수 있다. 이처럼 모르는 분야라 하더라도 법리를 찾아내 의뢰인에게 유리한 방향으로 판결을 이끌어 내는 능력 저변에 바로 리걸 마인드가 있다.

리걸 마인드를 기르기 위해서는 끊임없이 공부해야

법학은 기본적으로 논리적인 학문이다. 사람들이 지켜야할 사항을 규율하기 위해서는 보편타당한 이유가 있어야 하므로 논리가 전제될 수밖에 없다. 따라서 리걸 마인드 역시 논리적인 사고가 수반된다. 사실 나조차도 리걸 마인드를 제대로 갖추고 있다고 자신 있게 말할 수 있을지 모르겠다. 그래도 20년 가까이 법을 공부하다 보니 어느 정도는 이런 사고체계가 체화되었을 것이다.

리걸 마인드는 반복과 훈련으로 길러질 수 있다고 생각한다. 드라마 《로스쿨》의 강솔B의 경우 부모로부터 물려받았다는 말은 빼고 유치원 때부터 법전을 가지고 놀고 애국가보다 헌법을 더 잘 외웠기 때문이라고 말하는 게 더 좋았을 듯싶다. 법 공부를 처음 할 때는 난해하고 마냥 어렵기만 했다. 법률용어는 외계어 같았고 법전의 한자들을 보고 있자면 한숨만 나왔다. 그런데 회독 수를 늘릴수록 자연스레 암기도되고 조금씩 체득의 과정에 이르게 되었다. 공부에는 왕도가 없다는 말처럼 처음에는 낯설어도 자꾸 보다 보면 익숙해지기 마련이다. 그래서 법률용어와 법리에 익숙해지면 리걸 마인드가 서서히 뿌리내리기 시작한다.

리걸 마인드를 기르기 위해서는 사건을 다루면서 깊이 있게 공부하거나 관련 분야에 대해 연구하고 공부하는 것만이 답이다. 판례를 볼 때도 판례의 결론만을 숙지해서는 안 되고 판결의 배경이 된 사실관계를 법원이 어떻게 확정하는지, 문제가 되는 쟁점을 어떻게 발견하고 사안을 해결하는지 그 논리 구조를 익히고 연습해야 한다. 법원은 증거에 의해 증명된 것만을 사실관계로 확정하기 때문에 어떤 증거가 사실을 증명하는 것으로 쓰이는지 유념해서 살펴야 한다. 특히 내가 맡은 사건과 비슷한 사실관계를 다룬 판례가 있다면 그 판례의 사안 해결 방식에 주목해야 한다.

나는 서면을 쓸 때, 끊임없이 '왜'라는 질문을 던진다. 사건과 관련된 모든 요소에는 당연한 건 없다는 자세로 사건을 바라본다. 어떤 상황에서 누군가 한 말과 행동이 통상 납득할만한 것인지, 왜 그런 상황이 벌어졌고 사건의 당사자들은 왜 그렇게 반응하고 행동했는지 반문해본다. 내가 사건에 대해 갖는 의심이나 쟁점을 검사나 판사도 이해할 수 있도록 서면에 담아야 한다. 나아가 변호사는 검사나 판사가 미처 발견하지 못한 쟁점도 찾아낼 수 있어야 한다. 그래서 끊임없이 공부할 수밖에 없다.

변호사에게 가장 필요한 능력은 무엇일까. 우선 의뢰인과 늘 소통할 수밖에 없기 때문에 의사소통 능력도 필요하고 사건 수임을 잘하기 위해서는 영업력 같은 수임능력 또한 필요하다. 그러나 무엇보다 기본적으로 갖춰야 할 능력은 사건을 해결하는 능력이다. 즉, 변호사에게는 현실의 문제를 법리적으로 잘 해석해 합리적으로 해결하는 능력이 요구된다. 이 능력의 바탕에 리걸 마인드가 있다.

03

의뢰인 편에 서는 글쓰기

주인공 마리는 혼자 살고 있는 아파트에서 괴한에게 강간을 당한다. 성폭력 피해자로 신고했지만 수사는 점차 마리를 의심하는 방향으로 흘러간다. 결국 경찰은 마리가 거짓말을 한 것이라는 결론을 내리고 마리는 허위신고죄 즉, 무고죄로 기소가 된다. 이렇게 엉뚱하게 결론이 날 뻔했던 사건은 연쇄 강간을 수사하던 두 여성 형사에 의해 진실이 밝혀진다.

실화를 바탕으로 한 책『믿을 수 없는 강간 이야기』(T. 크리스천 밀러, 켄 암스트롱 지음)의 내용이다. 사건을 수사하는 형사 중 한 명인 갤브레이스는 '경청하고 입증하자'는 수사 원칙을 갖고 있다. 갤브레이스는 '무조건 피해자부터 믿어라'가 아니라 '피해자의 말을 경청하는 것부터 시작해야 한다'고 말한다. 나는 갤브레이스의 원칙을 변호사 입장으로 봤을 때 '변론 원칙'으로 바꿔 불러도 손색이 없다고 생각한다. 의뢰인의 말을 귀 기울여 듣고 사실관계를 확정해 그에 맞는 증거를 찾는 과정이 변호사의 일이기 때문이다.

우리는 개인적으로 해결되지 않는 다툼이나 분쟁을 해결하기 위해 국가기관의 힘을 빌리기도 한다. 변호사는 그런 의뢰인을 대신해 경찰이나 검찰, 법원을 설득한다. 이때 변호사의 무기는 주장과 증거를 담은 서면이다. 변호사는 당연히 사건이 일어난 현장에 같이 자리하고 있었던 것은 아니기 때문에 의뢰인이 들려주는 이야기를 바탕으로 서면을 작성한다. 그래서 변호사의 일은 의뢰인의 말을 듣는 것에서부터 시작된다.

주장을 펼치기 위한 전제로서의 듣기

범죄 피해가 있어 상대방을 처벌하고 싶으면 '고소장(告訴

狀)'을 써야 하고, 상대방에게 받을 돈이 있으면 재판을 청구하기 위한 '소장(訴狀)'을 써야 한다. (소장이 고소장의 줄임말 정도로 잘못 알고 있는 경우가 많은데 엄연히 다르다. 소장은 법원에 소를 제기하기 위해 작성하는 서면이고, 고소장은 피해자가 범인의 처벌을 구하기 위해 수사기관에 제출하는 서면이다.) 이후에는 내 주장을 견고히 하는 의견서와 서면 쓰는 일이 계속 이어진다. 변호사는 의뢰인을 대신해서 서면을 쓰지만 사건의 속사정을 가장 잘 아는 이는 의뢰인이다. 결국 서면을 잘 쓰기 위해서는 의뢰인의 말을 잘 듣고 사건기록을 읽으면서 진위를 파악해야 한다.

정재민 전(前) 판사는 『지금부터 재판을 시작하겠습니다』라는 책에서 "판사가 되고 보니 대부분의 시간은 법리 논쟁보다는 사실확정에 할애되었다. 재판의 승패나 유무죄 판단도 대부분 사실확정에서 판가름이 난다"고 했다. 사실확정은 법적인 판단을 하기에 앞서 어떤 일이 일어났는지 사실관계를 확정하는 것을 말한다. 예를 들어 A는 B가 주먹으로 자신의 얼굴을 때렸다 하고 B는 그런 사실이 없다고 한다면, B에게 폭행죄를 묻기에 앞서 B가 A를 때린 사실이 있는지 없는지 확정하는 게 먼저다. 사실확정을 하고 나서 일반화를 통한 법리를 도출해내는 게 법조인이 하는 일이다. 변호사인나 역시도 사실관계를 파악하는 데 많은 시간을 쓴다. 그래서 의뢰인과 직접 상담하고 소통하는 것을 가장 중요한 일로 생각한다. 정확한 사실관계를 파악해서 법적 쟁점을 찾아내고 그에 맞는 증거를 찾아내고 그런 다음 서면을 작성한다. 판사로 하여금 서면에 전달된 사실관계를 믿게끔 하는 것, 이것이 바로 변호사의 역할이다.

그래서 변호사는 판사나 검사보다도 먼저 의뢰인의 이야기를 듣는다. 의뢰인으로부터 사실관계를 듣고 기억의 오류를 발견하고는 사건 당시 무슨 일이 있었는지 사건 관계자들이 무슨 의도로 어떤 말을 했는지 정확히 파악한다. 그런 다음 의뢰인의 주장을 뒷받침할 수 있는 근거를 찾기 위한 질문을 한다. 모든 것을 정확히 기억하고, 모든 행동을 법적으로 아무런 문제 소지 없이 하는 완벽한 의뢰인이란 없다. 반대로 완벽한 상대방도 없다. 유리한 사정과 불리한 사정이 혼재된 상황에서 유리한 주장은 펼치고 불리한 사정은 왜 그렇게밖에 할 수 없었는지 주장해야 한다. 그러기 위해서는 가장 먼저 사실의 근거가 되는 의뢰인 말에 귀 기울여야 한다.

나는 간혹 의뢰인에게 진술서를 받기도 한다. 사건 수임 전 상담이 전반적인 이야기를 듣는 과정이었다면, 진술서는 보다 자세한 내용을 들어 보기 위한 과정이다. 진술서를 토대로 의뢰인과 직접 이야기를 나누면서 사실관계 중 이해가 안 되는 부분이나 오류가 보이는 부분에 대해 의뢰인에게 질문을 건넨다. 변호사가 써야 할 서면에는 사실관계가 그림 그려지듯 구체적으로 서술되어야 하기 때문이다. 인간이기 때문에 기억에는 오류가 있을 수 있다. 당장 눈에 보이는 오류가 있다고 해서 의뢰인이 거짓말을 한다고 단정할 수는 없다. 하지만 그런 오류를 수정하지 않고 그대로 수사기관이나 법원에 전달한다면 이야기는 달라진다. 만약 의뢰인이 진술서를 못 쓰겠다고 하면 만나서 하나씩 이야기를 직접 들어봐야 한다.

그리고 성폭력 피해자에게는 경찰 조사에서 무슨 질문을 받게 되는지 알 수 있도록 예상 질문지를 미리 제공한다. 몇몇 피해자 분들이 이 질문지가 사실관계를 정리하는데 많은 도움을 준다고 해서 지금은 블로그를 통해 따로 부탁하는 이들에게 제공하기도 한다. 경찰 조사를 앞두고 불안한 마음을 내려놓았으면 하는 목적도 있고 스스로 질문에 대한 답을 하면서 사실관계를 파악할 수 있도록 도우려는 목적도 있다. 그만큼 사실확정은 아주 중요한 일이다.

말 속에 담긴 법적인 의미를 파악해야

한번은 의뢰인이 보이스피싱 업체에 통장을 빌려준 혐의로 구속된 사건을 맡은 적이 있다. 다른 사람에게 돈을 받고 통장을 빌려주면 전자금융거래법위반죄가 된다. 나는 구금된 의뢰인을 만나기 위해 구치소로 접견을 갔다. 파리한 모습의 그녀는 살아생전 이런 곳에 올 줄은 몰랐다며 눈시울을 붉혔다.

개인 사업체를 운영했다는 그녀는 채무자들에게 빚 독촉에 시달렸고 사업체가 넘어가는 일만은 막고 싶었다고 했다. 급한 불이라도 꺼보려고 대출을 알아보았지만 돈을 마련할 길은 마땅치 않았고, 궁지에 몰린 그녀는 돈을 받는 조건으로 보이스피싱 업체에 통장을 빌려주었다고 했다. 그런 다음 자신의 통장에 들어온 돈을 보이스피싱 업체에 전달해주는 인출책과 전달책의 역할까지도 자처했다. 물론 그녀가 그렇게 했다는 증거도 있었다. "아니 내 통장을 내가 빌려주겠다는데, 이게 왜 죄가 되는 거예요." 돈을 받고 통장을 빌려주는 건 죄가 된다고 말한 내게, 그녀가 건넨 말이었다. 돈이 필요한데 그럼 어쩌느냐는 말과 함께.

의뢰인은 자신의 죄를 인정하는 걸까 부인하는 걸까. 나는 그녀의 말을 듣고, 돈을 받고 통장을 빌려준 사실에 대해서는 인정하지만 그게 죄가 되는지 몰랐다는 것은 법률의 부지(不知)라고 판단했다. 범죄를 저지른 사람 중에는 자신의 행동이 죄가 되는지 몰랐다는 이들이 많다. 그런데 '법률의 부지는 용서받지 못한다'는 법언(法諺, 법과 관련한 지혜를 표현한 속담)이 있는 것처럼 우리 법원 역시 법률의 부지를 용서하지 않는다는 게 기본적인 입장이다. 더구나 의뢰인은 이미 한차례 똑같은 사안으로 벌금형을 받은 전과도 있었다. 그렇기 때문에 법을 몰랐다는 말을 재판부에서는 믿어 줄 리가 없었다.

나는 의뢰인에게 무죄를 주장하느냐고 물었고, 의뢰인은

정확히 "그럼요. 변호사님, 저는 무죄에요"라고 대답했다. 당시 나는 법률사무소에 소속된 고용 변호사였기에 내 뜻과 반하게 의뢰인의 뜻대로(회사에서 시키는 대로) 무죄를 주장할 수밖에 없었다. 나는 일단 피고인이 구속된 상태였기 때문에 보석을 허가해 달라는 서면(보석허가청구서)부터 썼다.

이 일이 계기가 된 것은 아니었지만 나는 결국 법률사무소를 나와 개인 사무소를 열면서 이 사건의 변호를 끝까지 맡지 못했다. 나중에 들은 얘기지만 실형이 선고됐다는 결과를 전해 들었다. 죄를 인정하고 피해 회복을 조금이라도 했다면, 왜 이런 죄를 저지를 수밖에 없었는지 읍소했다면, 한 번만 선처를 해주면 잘못을 뉘우치고 다시는 이런 일을 되풀이하지 않겠다고 했다면, 아마도 집행유예는 선고받을 수 있지 않았을까 하는 아쉬움이 남는 사건이었다.

의뢰인의 말을 귀 기울여 듣는다는 건 어떤 의미일까. 경청과 공감을 슬로건으로 내세우는 변호사들이 많다. 나 또한 의뢰인의 말을 경청하는 걸 중요하게 생각한다. 하지만 의뢰인이 자신의 무죄만 주장하고 자신이 이야기한 대로만 변호사가 변호해주기를 바란다면 이 또한 무조건 경청해야 할까.

나는 변호사가 의뢰인의 말을 곧이곧대로 듣고 그대로 주장하는 사람이라고 생각하지는 않는다. 적어도 변호사라면 의뢰인의 말 속에 담긴 법적인 의미를 제대로 파악하고 사건을 해결하기 위한 최선의 방법이 무엇인지를 고민하는 게 변호사의 일이다. 변호사에게 경청이란 바로 그런 것이다.

충분히 귀 기울여야 의뢰인 편에 설 수 있다

의뢰인 중에는 자신의 이야기를 하다 감정이 북받쳐 눈물을 흘리고 가는 경우가 종종 있다. 상처가 됐던 기억이 떠오르고 그러다 보면 눈물이 흐를 수밖에 없다. 변호사가 무슨 상담사는 아니지만 그렇게 한참을 쏟아내고 나면 의뢰인들은 속이 시원하다고 들어줘서 고맙다는 말을 한다. 단지 들어준 것밖에 없고 서면 작성 때문에 크게 공감을 표현하며 듣지도 못했는데 말이다. 의뢰인 입장에서 자신을 변호해주겠다고 나선 사람 앞에서 조차도 하고 싶은 말을 다 하지 못한다면 얼마나 답답할 노릇이겠는가. 내 이야기를 할 수 있고 누군가 내 이야기를 귀담아듣는다고 생각하는 것, 그것은 변호사로서 의뢰인에게 믿음을 주는 일과 다름이 없다.

2년여의 시간 동안 학교폭력에 시달린 학생을 대리한 적이 있었다. 학교나 주변에 알린 적은 없느냐는 내 물음에 "누가 제 말을 믿어주겠어요. 저는 이제 선생님들도 안 믿어요"라는 대답이 돌아왔다. 객관적인 증거 없이는 쉽게 믿어주지 않는 현실을 아이들도 안다. 누군가에게 이야기해 봤자 아무 소용없다는 걸, 그걸 가장 먼저 생각했다는 게 안타까웠다. 나중에 학생의 엄마로부터 변호사님이 자신의 마음을 잘 알아주는 것 같아 좋았다는 말을 전해 들었다. 의뢰인 편에 선다는 건 이런 게 아닐까.

변호사를 찾아온 이들의 궁극적인 목적이 사건의 해결인 건 자명하다. 그런데 그 이면에는 내 이야기를 듣고 나를 좀 믿어줄 누군가를 만난다는 것, 든든한 내 편이 있었으면 하는 마음, 그런 마음에서 변호사를 찾아온다. 그래서 의뢰인이 힘들게 꺼내 놓은 이야기를 귀 기울여 듣고 쓴 서면에는 설득의 힘이 있을 수밖에 없다.

04

원래 그랬던 것은 없다, 비판적 글쓰기

주변 법조인들과 이야기를 나누다 흥미로운 사실을 발견했던 적이 있다.

검사 CCTV도 있고 A죄 아닌가? B죄도 문제가 될 거 같은데?

판사 상대방은 뭐라고 하는데? 양쪽 말 다 들어봐야지.

변호사 우리가 원고야 피고야? 피해자야 피고인이야?

하나의 사건을 두고도 검사, 판사, 변호사가 바라보는 시각은 이렇게 다르다. 어찌 보면 당연한 일이다. 각자의 관점과 입장이 다르기 때문이다. 나 역시 변호사로 사건을 바라볼 때 내가 대변해야 할 입장이 어디인지부터 짚고 시작한다. 반면 판사와 검사는 다르다. 검사는 공익의 대표자로서 사건을 바라보지 피해자를 대변하지 않는다. 판사 역시 어느 한 쪽의 입장에서 사안을 바라보진 않는다. 하지만 변호사는 자신의 의뢰인 입장에서 사건을 바라보고 의뢰인에게 유리한 방향으로 사건을 풀어간다.

변호사의 관점에서 중요한 건 '의뢰인'

변호사는 의뢰인의 대리인이다. 그래서 결정 권한은 의뢰인에게 있고 변호사는 의뢰인이 결정을 내릴 수 있게 도움을 주는 역할을 해야 한다. 따라서 의뢰인의 입장이 무엇인지 파악했다면 모든 초점은 의뢰인에게 유리한 방향으로 모아가야 한다. 그래서 오늘은 임대인을 대리해 계약 해지를 주장할 수도 있고, 반대로 내일은 임차인을 대리해 계약 유지를 주장할 수도 있다. 의뢰인 입장에 따라 자유자재로 생각과 의사를 탈바꿈할 수 있어야 하는 것이 변호사다. 그래서 어떤 입장에서든 그에 맞는 주장과 근거를 찾고 법리를 발견해내는 능력이 필요하다.

어느 의뢰인과 상담하면서 자신(의뢰인)을 질책하는 변호사가 있었다고 전해 들었다. 그 의뢰인은 자신이 잘못한 것은 알겠는데 상담 중에 변호사가 너무 자신을 혼내기만 해서 사건을 믿고 맡길 수 없었다고 했다. 변호사도 인간인지라 가치 판단을 하지 않을 수는 없지만 기본적으로 변호사는 어떤 사안을 판단하는 사람은 아니다. 그래서 변호사의 기준을 갖고서 의뢰인을 재단하려고 해서는 안 된다. 의뢰인을 붙들고 "그때 왜 그랬어요. 이렇게 하셨으면 더 좋았을 텐데"라는 말은 불필요하다. 그저 주어진 상황을 기초로 앞으로의 대비를 하는 게 변호사의 일이다.

성폭력 사건의 피해자를 대리할 때 범행을 부인하는 피고인과 첨예하게 대립하는 지점은 피해자의 진술이 과연 믿을 만한가(피해자 진술의 신빙성)이다. 피고인이 의식이 없는 피해자를 부축해 모텔로 들어가는 모습이 찍힌 CCTV 영상은 있지만 피해자의 몸에서 피고인의 DNA가 발견되지 않은 사건을 맡은 적이 있다. 피해 직후 피해자가 몸을 닦아내는 바람에 유전자 검출에 필요한 시료의 양이 충분치 않았다. 이때 왜 씻었느냐고 피해자를 탓하고 질책하기보다는 왜 그랬는지, 왜 그럴 수밖에 없었는지를 물어보고 이를 서면에 담아야 한다. 즉, 법원이 무엇을 기준으로 피해자 진술의 신빙성을 판단하는지 파악해서 피해자의 진술이 구체적이고 일관되며 모순이 없는지, 당시의 상황을 직접 경험하지 않고는 할 수 없는 진술인지, 거짓말을 하거나 허위로 진술할 동기는 없는지 등을 잘 고려해서 써야 한다. 이때 거꾸로 피고인 진술의 모순을 제시하는 것 역시 피해자 진술의 신빙성을 높일 수 있는 방법이다. 그리고 피해자의 몸에서 DNA가 발견되지 않아도 피고인을 유죄로 인정한 판례를 찾아 추가 근거로 제시하고 관련 참고자료도 제출해야 한다.

성폭력 사건에서 흔히들 하는 오해가 있다. 증거 없이 피해자의 진술만으로 법원이 유죄 판단을 한다고 말이다. 법원은 피해자의 진술 하나만 가지고서 판단하지도 않고 피해자 말을 무조건 믿는 것도 아니다. 앞서 말한 대로 진술의 신빙성을 판단하는 것에는 법원의 기준이 있고, 이 기준에 얼마나 부합하게 서면을 쓰는지가 핵심 관건이 된다. 반대로 피고인의 변호인이라면 피해자의 진술이 이 기준에 부합하지 않는다는 근거를 대면서 믿을 수 없다고 주장해야 한다. 단지 추측이나 가설에 기댄 논리로는 법원을 설득할 수 없다.

변호사에게 반드시 필요한 비판적 시각

몇 해 전 tvN에서 방영한 《슬기로운 감빵생활》이라는 드라마를 정말 재밌게 봤다. 각자 사연을 가지고 교도소에 모인 인물을 중심으로 이야기가 펼쳐지는데 개인적으로 '문래동 카이스트'와 '해롱이'라는 캐릭터에 관심이 갔다. 그중에서도 마약류관리법위반죄로 복역했던 해롱이의 결말이 아쉬웠다. 드라마 얘기를 조금 더 해보면, 교도소에서 출소한 해롱이를 기다렸다는 듯 차에 태워 누군가가 주사기를 건넨다. 그는 일본 유학생이던 해롱이를 마약의 길로 이끌었던 사람이었다. 유혹을 뿌리치지 못한 해롱이가 주삿바늘을 자신의 팔에 다시 찌르자마자 경찰이 등장한다. 경찰은 해롱이를 바로 체포하고는 해롱이에게 주사기를 건넨 친구와 인사를 주고받는다. 과연 이런 방식의 수사가 적법한 걸까. 유혹을 이기지 못하고 마약에 손댄 사람의 잘못인가. 그런데 내가 만약 해롱이의 변호사라면 함정수사를 주장했을 것이다.

함정수사는 수사기관이 특정인에게 범죄를 하도록 유인한 후 실제로 범행을 저지르면 체포하는 수사방법을 말한다. 통상 범죄 혐의의 유무를 밝히기 위해 범인을 찾고 증거를 수집하는 수사기관의 활동을 수사라고 한다. 함정수사는 범인이 있기 전부터 수사기관이 관여하기 때문에 이미 범죄를 저지른 범인을 찾는 일반적인 수사와는 차이가 있다. 함정수사를 허용해야 한다, 말아야 한다에 대해서는 갑론을박의 여지가 있지만, 우리 판례는 함정수사를 '기회제공형 함정수사' (이미 범죄의사를 가지고 있는 자에게 범행 기회를 제공한 경우)와 '범의유발형 함정수사'(범죄의사가 없는 자에게 수사기관이 사술(詐術)이나 계략 등을 써서 범죄의사를 갖게 하는 것)로 나누고, 범의유발형 함정수사의 경우에는 위법하다고 보고 있다.

내가 해롱이의 변호인이라면 해롱이를 체포한 경찰의 수사는 범의유발형 함정수사이기 때문에 적법한 절차와 원칙에 따르지 않은 것임을 주장하고 함정수사의 위법성을 다룬 판례와 논문을 참고자료로 제출할 것이다. 덧붙여 설사 위법하지 않은 함정수사라 하더라도 해롱이의 행동은 본인의 의사보다 타인의 영향을 받은 것으로 어쩔 수 없었음을 강조하며 양형을 주장했을 것이다. 드라마에서는 보다 구체적인 정황이 그려지진 않았지만 위법을 주장할만한 여지는 충분해보였다. 이처럼 피고인의 변호인이라면 수사나 재판 절차에서 위법한 점은 없는지도 자세히 살펴야 한다. 우리 형사법 체계는 적법 절차의 원칙을 대원칙으로 하고 있기 때문에 실체적 진실 발견도 중요하지만 적법한 절차와 원칙을 따랐을 때 진실에 의미가 있다고 보고 있다.

사실 변호사로서 서면을 쓴다는 것은 글쓰기 자체보다 사건을 분석하고 자료를 찾는데 더 많은 시간을 쓴다. 법리를 검토하고 글로 풀어내기까지의 과정은 치열하다. 사건을 분석할 때 변호사는 무엇보다 비판적 시각을 갖고 있어야 한다. 원래부터 그랬고 당연한 것은 없다는 관점을 가져야 한다. 수사기관의 수사가 적법하지 않다면 이를 지적할 수 있어야 하고, 재판 절차에서 부적절한 점이 있다면 이에 대한 이의 제기도 할 수 있어야 한다. 법조문이 헌법에 위반되었다고 주장할 수도 있어야 하고 법조문을 해석하는 법원의 시각이 잘못되었을 수도 있다는 점을 논리와 근거를 갖고 이야기해야 한다. 이 같은 변호사의 끊임없는 문제 제기는 판례를 변경하기도 하고, 법 개정을 이뤄내기도 한다.

어떤 문제를 바라볼 때 특정한 관점이 있어야 문제로 인식될 수 있다. 변호사는 변호사의 관점으로 사건을 바라보고 문제를 인식해야 의뢰인을 위한 해결책을 마련할 수 있다.

05

설득하는 글쓰기

지인 중에 중학생 딸을 둔 분이 있다. 근데 이분 말이 얼마 전에 용돈 인상을 두고서 아이와 실랑이를 벌리다 결국 아이와 조건 하나를 두고서 타협을 보았다고 했다. 성적을 올리면 용돈을 더 올려 받고 그렇지 못하면 그냥 제자리인 걸로 하겠다는 것이었다. 어쨌든 딸은 엄마를 설득하는데 절반은 성공한 셈이었다. 그냥 올려 달라고만 했다면 허락받지 못했을 텐데 말이다.

용돈과 성적을 연계시켜 부모님 혹은 아이와 협상해본 경험은 누구나 한 번쯤은 하는 경험이다. 용돈이 턱없이 부족하다고 그동안 적은 용돈 기입장을 보여준다든지, 혹은 방청소를 하겠다든지, 성적을 올리겠다든지, 게임을 줄이겠다든지 하는 방법으로 부모를 설득해야 아이는 용돈 인상의 기회를 얻을 수 있다. 이처럼 원하는 것을 얻기 위해서는 결정권을 가진 사람의 마음을 움직여야 한다. 즉, 상대방을 설득해야 한다. 그렇다면 변호사는 누구를 설득해야 할까.

소송을 하는 이유는 내가 원하는 바를 판결문에 담기 위해서다. 판결문은 소송의 결과물이고 이 판결문은 판사가 쓴다. 그렇다면 재판은 판사를 설득하는 과정이라고 봐도 무방할까? 좀 더 자세히 이야기하자면 크게 형사사건이냐 민사사건이냐에 따라 설득의 대상은 달라진다. 형사소송의 경우 검사가 기소하지 않으면 사건이 법원으로 갈 수도 없다. 2021년부터는 사법제도의 개혁으로 경찰이 검찰로 사건을 송치하지 않을 수도 있어 1차적으로는 경찰의 문을 넘지 못하고 끝날 수도 있다. 따라서 내 의뢰인이 피의자라면 경찰 단계에서 사건이 끝나도록 막아야 하고, 그 반대인 고소인(피해자)이라면 어떻게 해서든 사건이 법원으로 가서 피고인이 유죄를 받을 수 있도록 해야 한다.

형사소송만 놓고 보자면 변호사가 설득해야 할 대상은 경찰, 검사, 판사이다. 민사소송의 경우에는 원고가 소를 제기하면 법원의 판단을 받게 되므로, 설득의 대상은 판사에 국한된다. 그러므로 변호사인 나는 원하는 결과를 얻어내기 위해 때로는 경찰, 때로는 검사 또는 판사를 어떻게 설득할 것인가를 고민한다.

사건 분석에서부터 시작

판사는 소송 당사자가 제출한 주장과 증거를 검토한 후 사실을 확정하고 판결을 하기 위한 법리를 적용한다. 이 과정이 판결문에 그대로 녹아 있다. 변호사는 이 과정에 필요한 주장과 증거를 담은 서면을 제때 제출해야 한다. 소송에서는 사건과 관련해 발생한 모든 사실이 판단의 기초가 되는 게 아니기 때문에 변호사는 판사의 판결을 이끌어 내는 데 필요한 사실(요건사실)과 그에 맞는 증거만을 찾아서 서면을 작성한다.

나는 '사건 분석 → 쟁점·법리 발견 → 결론(사안 해결)'의

단계를 거치며 서면을 쓴다. 모든 단계가 중요하지만 이 중에서 특히 사건 분석이 제일 중요하다. 앞으로 이 사건을 어떻게 볼 것이냐는 방향 설정을 하는 단계이기 때문이다. 이에 따라 변호사는 사건 해결에 필요한 주장을 적재적소에 해야 하고 쟁점을 뽑아낼 수 있어야 한다. 어쩌면 사건 분석은 글쓰기 과정에서 개요를 짜는 것과도 같다.

민사소송의 경우 법원은 당사자가 주장한 사실만을 판단하는데 이를 변론주의라고 부른다. 당사자가 꼭 해야 할 주장을 하지 않는다면 어떻게 될까? 예를 들어 A가 B에게 돈을 갚으라면서 대여금 청구의 소를 제기한 경우, B는 돈을 빌린 지 10년이 지났다면 소멸시효가 완성되었다는 주장부터 해야 한다. 만약 B가 소멸시효에 대한 주장(항변)을 하지 않는다면 판사는 이를 알고 있었다 하더라도 소멸시효 때문에 B는 돈을 갚지 않아도 된다고 판시할 수 없다. 따라서 변호사는 의뢰인으로부터 사실관계를 듣고 사건을 제대로 분석해야 한다. 사실관계에서 문제가 되는 쟁점이 무엇인지, 상대방의 주장은 무엇인지, 상대방의 반박이 예상되는 지점이 무엇인지 필요한 법리를 발견하고 이를 뒷받침할 증거를 많이 찾아내야 한다. 의뢰인에게 유리한 사정과 불리한 사정은 무엇이 있는지도 분석해야 한다. 즉, 사건 전체를 조망할 수 있어야 한다.

나는 사실관계를 파악하기 위해 자료 분석도 하지만 의뢰인에게 의심나는 사항, 논리 구성에 필요한 사항 등을 끊임없이 물어본다. 사실관계를 가장 잘 아는 이는 결국 사건의 당사자이기 때문이다. 따라서 의뢰인 스스로 자신이 처한 상황을 있는 그대로 변호사에게 말해주는 게 변호사의 사건 분석을 도와주는 일이다. 그런 점에서 의뢰인은 자신에게 불리할 수 있는 사정도 변호사에게만큼은 솔직하게 이야기해야 한다. 그래서 변호사와 의뢰인은 긴밀한 협업 관계라 할 수 있다. 경험상 의뢰인과 소통이 잘 되고 의뢰인 역시 사건 해결에 최선을 다하고자 하는 의지가 있을 때 결과도 원하는 방향대로 나올 확률이 높다.

논리적인 글쓰기

변호사는 상대방을 논리적으로 설득하기 위한 글을 쓴다. 글의 구조는 법률이나 판례에 사안을 적용해서 결론을 도출하는 삼단논법적인 논증 방식을 따른다. 판례도 마찬가지이다.

- 대전제: 모든 사람은 죽는다. (법률이나 판례)
- 소전제: 소크라테스는 사람이다. (개별 사건)
- 결론: 그러므로 소크라테스는 죽는다. (대전제에 소전제를 적용)

문장의 구조 역시 정해진 순서에 따른다. 문장은 육하원칙에 맞추어 '주시상목행'의 순서로 쓴다. '주시상목행'이란 주어, 일시, 상대방, 목적물, 행위를 의미한다. 예를 들어, '원고는 2015. 6. 2. 피고에게 5,000만 원을 변제기는 같은 해 12. 31.로 정하여 대여하였습니다'라고 쓴다(변제기(辨濟期)란 채권자가 채무의 이행을 청구할 수 있는 시기를 말한다). 판사가 쓰는 판결문과 검사가 쓰는 공소장 역시 이 구조를 동일하게 따른다. 즉 모든 법률문서는 이렇게 쓰기로 한다는 일종의 약속을 법률관계자 모두가 맺은 셈이라 할 수 있다. 그래서 법률문서임에도 불구하고 이런 구조에서 벗어난 글을 보게 되면 낯설게 느껴진다. 법률문서가 이런 구조를 따르는 이유는 말하고자 하는 바를 논리적으로 간결하게 전달하기 위함이다. 즉, 글을 읽는 이가 핵심을 쉽게 파악할 수 있도록 하고자 함이다. 당연한 이야기이지만 정확한 법률용어를 사용해야 하고 주장을 제대로 전달할 수 있는 단어와 표현을 써야 한다.

나는 내가 맡은 사건과 유사한 사건의 판례를 찾아보고 어떤 단어를 쓰고 구체적으로 상황을 어떻게 묘사하고 표현했는지, 그 문구를 차용해서 글을 쓴다. 판례는 저작권법에 의해 보호받지 않는다. 그러니 판례의 논리 구조, 표현과 문구를 마음껏 베껴 써도 무방하다. 나는 판사에게 익숙한 용어와 표현을 사용하는 것이 설득력을 높일 수 있다고 생각한다. 그래서 많이 참고하는 편이다.

때로는 감정에의 호소도 필요

서면은 논리적인 글인 만큼 감정을 철저히 배제하는 게 맞을까? 논리는 이성이 지배하는 영역이니 감정이 앞서지 않도록 하는 게 맞다. 그러나 재판도 사람이 하는 일인만큼 판사는 오직 법리만으로 판단을 내리지는 않는다. 『판결문을 낭독하겠습니다』의 책을 쓴 도우람 판사는 "판결에는 한 사람의 판사가 가진 가치관, 신념, 그동안의 직간접적인 경험이 개입하기도 합니다"라고 했다. 형사재판에서는 유무죄의 판단 이외 피고인의 형량을 정하는 양형도 판사가 한다. 특히 양형에는 판사의 재량이 비교적 폭넓게 인정된다. 구치소에서는 죄수들끼리 판사의 성향에 대한 정보를 서로 나누기도 한다. 어떤 판사를 만나는지에 따라 양형이 달라지기 때문이다. 그래서 변호사는 피고인의 무죄만 주장할 게 아니라면 양형에 참작할 만한 사정을 찾고 이를 재판부에 전달하는 노력도 함께 기울여야 한다. 반대로 피해자의 변호사라면 왜 피고인을 무겁게 처벌해야 하는지 재판부가 납득할 수 있도록 서면을 써야 한다. 이처럼 판사의 마음을 움직이기 위해서는 때로는 감정에 호소해야 할 때도 있다.

보기 좋은 서면이 판사를 설득한다

재판에 출석하기 위해 담당 사건을 기다리면서 내 앞의 사건을 참관했던 적이 있다. 재판은 시간 단위로 진행되고 한 사건이 끝나야 다음 재판으로 이어진다. 그래서 종종 재판 시간이 되었는데도 앞 사건이 끝나지 않으면 재판이 뒤로 밀리기도 한다. 내가 참관했던 소송은 금전 청구의 소로 원고 측에서 구체적인 금액 계산을 하지 않은 듯했다. 판사가 원고 측 변호사에게 금액을 계산하지 않았느냐고 물으니 '복잡해서'라는 대답이 돌아왔다. 판사는 "변호사님이 계산하기 복잡하면 재판부도 계산하기 복잡해요"라고 말했다. 몇 마디 주고받은 말만 듣고서 사건 내용을 정확히 알 수는 없지만 판사가 원하는 바를 조금은 엿볼 수 있는 장면이었다.

변호사가 쓴 서면의 독자는 사건의 상대 측 관계자들과 무엇보다 판단의 주체인 판사를 대상으로 한다(형사사건이라면 판단의 주체로 경찰과 검사도 추가된다). 서면은 이들이 읽기 편하도록 써야 한다. 판사가 판결문을 쓸 때 내가 쓴 서면을 참고한다면 좋은 서면이라고 할 수 있고, 내가 원하는 방향대로 판결을 이끄는 것이라고도 할 수 있다.

내가 서면을 쓸 때 신경 쓰는 몇 가지는 다음과 같다. 먼저 적절한 제목과 부제를 사용한다. 제목에 본문의 내용이 드러날 수 있도록 하고, 내가 주장하고자 하는 바를 요약해서 보여주도록 한다. 가끔 단락도 제대로 나누지 않고 줄글로 나열한 서면을 보기도 한다. 이런 서면을 보게 되면 변호사가 쓴 게 맞나 싶은 생각도 들고 무엇보다 서면에서 주장하는 바가 한눈에 들어오지도 않는다. 그리고 이것만은 꼭 읽었으면 하는 핵심 내용에는 굵은 글씨를 한다거나 밑줄을 치는 등의 강조를 하는 것도 좋다. 그리고 문장은 되도록 길게 쓰지 않도록 한다. 주장을 명확하게 전달하기 위해서는 짧고 간결한 문장이 더 낫다. 나는 여기에 좀 더 보태어 도표를 작성하기도 하고 사진이나 그림을 넣거나 각주 등을 달기도 한다.

좀 더 디테일한 서면 작성법에 대해서는 『법률문장 어떻게 쓸 것인가』(법무법인 화우 지음) 책을 참고하면 좋다. 생각을 논리적으로 올바른 단어와 문장으로 표현하는 방법을 알려 준다는 점에서 꼭 법조인이 아니라 일반인이 봐도 좋다. 특히 법률문서를 작성하는 기본 태도부터 법리 구성에 알맞은 법률용어와 문장 구조 등을 구체적인 예를 들어가며 설명한 책이기 때문에 이해하기도 쉽다.

여느 글쓰기와 마찬가지로 서면 역시 퇴고를 많이 하면 할수록 좋다. 그리고 서면을 다 쓴 후에는 의뢰인에게 보여 주고 꼼꼼히 살피도록 해야 한다. 사실관계에서 잘못된 것은 없는지, 더 추가할만한 내용이나 증거는 없는지, 더 하고 싶은 말은 없는지 등을 꼭 확인받는다.

자신 있게 주장을 펼친다

'~라 할 것입니다'라거나 '~할 수 있다 할 것입니다'와 같은 표현은 판례에도 있고 서면에서도 많이 쓰는 표현이다. 나 또한 예전에는 이런 표현을 많이 썼다. 주장의 취지가 애매하거나 확신을 갖기 어려울 때 이런 표현을 썼다. 그러나 좋은 표현이라고는 생각하지 않는다. '~입니다' '~합니다'처럼 명료하게 표현하는 게 내 주장에 확신을 부여해준다. 서면을 쓸 때는 자신감을 갖는 게 중요하다. 확신을 갖고 내 주장을 분명히 하고 명확하게 전달하는 것이 중요하다. 그 주장이 받아들여지고 말고는 나중 문제이다. 명쾌하게 결론이 나오는 사건보다 그렇지 않은 사건이 훨씬 더 많다. 상당수의 많은 사건이 1심과 2심에서 결론이 달라지기도 하고 판례가 변경되기도 한다. 그러니 변호사는 자신 있게 주장을 펼쳐 판사를 설득하는 글쓰기에 최선을 다해야 한다.

설득은 타인의 생각을 내가 원하는 방향으로 바꾸는 것이다. 한 편의 글로 상대방의 행동을 이끌어낼 수도 있고 생각의 전환을 일으킬 수도 있다. 변호사가 쓰는 서면은 결국 '설득' 하나로 귀결된다. 사실관계를 구체적으로 설명하는 일도 감정에 호소하는 것도 모두 판사를 설득하기 위함이다.

06

증거를 토대로 한 글쓰기

"진실은 신만이 알고 있다고 말한 재판관이 있다던데 그건 틀린 말이다. 최소한 나는 '내가 범인이 아니라는 진실'을 알고 있다. 그렇다면 재판에서 진정 나를 심판할 수 있는 자는 오직 나밖에 없다. 최소한 나는 재판관을 심판할 수 있다. 당신은 실수를 범했다. 나는 결백하니까. 나는 처음으로 이해했다. 재판은 진실을 밝히는 곳이 아니라는 것을. 재판은 모아 놓은 증거로 피고인이 유죄인가 무죄인가를 판단하는 장소에 불과하다는 것을. 그리고 나는 유죄가 선고됐다. 그것이 재판부의 판단이다. 그래도…, 그래도 내가 하지 않았다."

일본 영화 《그래도 내가 하지 않았어》의 주인공 가네코 텃페이가 자신에게 유죄를 선고한 재판부를 향해 마음속으로 읊조린 말이다. 만원 지하철 안에서 한 여학생의 엉덩이를 더듬는 이가 있었다. 여학생은 성추행범으로 주인공을 지목한다. 물론 진짜 범인은 따로 있었다. 재판을 받게 된 주인공은 지하철 문에 낀 윗옷을 빼내기 위해 몸을 조금 움직였을 뿐이지 자신은 범인이 아니라고 주장했다. 하지만 법원은 이를 받아들이지 않았다.

법원은 사건의 진실을 밝히는 장소일까? 영화 속 주인공의 독백처럼 나 역시도 그렇게 생각하지는 않는다. 재판은 내가 원하는 결과를 얻기 위해 하는 것이다. 재판의 당사자들에게는 소송의 목적이 있다. 내가 상대방에게 받을 돈이 있다면 돈을 받기 위해서이고 죄가 없다면 무죄를 밝히기 위해서이다. 원하는 결과를 얻기 위해서 변호사는 필요한 주장을 하고 그에 맞는 증거가 담긴 서면을 제출할 뿐이다. 그러니 재판은 진실을 밝히는 일과는 (조금?) 다른 종류의 일이라고 할 수 있다. 즉, 형사소송법의 이념인 실체적 진실에 가깝게 다가가려는 노력의 일환일 뿐이다. 그 끝에 원하는 목적이 이루어진다면 그 사건은 진실이 된다. 하지만 그게 진짜 사실인지는 아무도 모른다. 사건 당사자들만 알 뿐이다.

재판은 증거 싸움

작가 유시민은 자신의 책 『유시민의 글쓰기 특강』에서 "말이나 글로 타인과 소통하려면 사실과 주장을 구별해야 한다. 사실은 그저 기술만 하면 된다. 그러나 어떤 주장을 할 때는 반드시 그 근거를 제시함으로써 옳은 주장이라는 것을 논증해야 한다"라고 했다. 논증이 무엇인지를 알려주는 대목이다. 법원에 제출하는 서면은 기본적으로 판사를 설득하기 위한 논증의 글이다. 다만 법률적 판단이 필요한 '사실'을 논증하는 글이라는 점에서 일반적인 글과는 다르다. 재판에서는 증거에 의해 인정된 '사실'만이 판단의 기초가 된다.

변호사가 하는 주장은 크게 사실과 법리로 나눌 수 있다. 대체로 '사실'에 대한 주장은 증거가, '법리'에 대한 주장은 법률이나 판례나 학설이 근거가 된다. 변호사는 의뢰인의 이야기를 듣고 사실관계를 정확히 파악해서 법적인 쟁점이 무엇인지 알아내고, 의뢰인이 갖고 있는 자료 중에 증거가 될 만한 것을 추려내고 쟁점을 뒷받침할 수 있는 법률이나 판례를 찾는다. 변호사는 소송에서 어떤 사실을 주장하고 입증해야 하는지, 입증책임이 누구에게 있는지, 상대방의 입증을 막을 방법이 무엇인지를 고민한다.

민사소송에서 당사자(원고와 피고)의 말은 그저 주장에 불과하다. 주장에는 이를 뒷받침할 수 있는 증거가 반드시 뒷받침되어야 한다. 증거를 내세워 증명하는 것을 '입증'이라고 한다. 만약 A가 B에게 돈을 빌려줬고 B가 돈을 제때 갚지 않은 경우, A는 B를 상대로 대여금 청구의 소를 제기할 수 있다. 이때 A는 B에게 돈을 빌려준 사실, 즉 대여사실을 입증해야 한다. 금전소비대차계약서나 차용증서, 계좌이체 내역 등의 증거를 제출해야 법원은 A가 B에게 돈을 빌려준 사실을 인정할 수 있다. A가 B에게 돈을 빌려준 게 설사 진실이라고 하더라도 증거가 없다면 법원은 이를 믿지 않는다. 그러나 형사소송에서는 피고인이나 피해자(소송의 당사자는 아니다)의 말이 곧 증거가 되고 그 증거로 사실을 확정한다. 이때는 피고인이나 피해자의 말이 믿을만하다는 근거가 있어야 한다.

입증하지 못한 책임은 입증책임을 지는 자의 몫이기 때문에 특히 민사소송에서는 입증책임이 누구에게 있는지가 중요하다. 위의 예시에서 A가 대여사실을 주장하고 B는 그런 사실이 없다고 주장(부인)한다면, A는 'B가 돈을 빌린 사실'을 주장하고 입증해야 한다. 그런데 이때 B는 A로부터 돈을 빌린 사실이 없다는 점을 스스로 입증할 필요는 없다. 단지 '그런 사실이 없다' 이렇게 한마디만 하면 된다. 입증책임은 A에게만 있기 때문에 그렇다. 그래서 A가 대여사실을 입증하지 못하면 A가 제기한 대여금 청구의 소는 기각(패소)된다. 그런데 B가 돈을 빌린 건 맞지만 '이미 다 갚았다'는 변제사실을 주장(항변)한다면 이러한 사실은 B가 입증해야 한다. A가 대여사실을 충분히 입증하지 않았다 하더라도 B가 빌린 사실을 인정(자백)했기 때문에 A는 대여사실을 더는 입증할 필요가 없다. 민사소송에서는 내가 주장한 사실에 대해 상대방이 인정(자백)하면 증거가 없더라도 받아준다. 이를 법률용어로 '다툼이 없는 사실'이라고 한다.

형사소송에서는 피고인의 자백이 피고인에게 불리한 유일한 증거일 때에는 유죄의 증거로 사용할 수 없다고 본다(헌법 제12조 제7항 후단 및 형사소송법 제310조 참조). 따라서 피고인이 자신의 범행을 자백했다고 하더라도 이를 뒷받침하는 다른 증거(보강 증거)가 없다면 피고인을 처벌할 수 없다. 즉, 자백을 반드시 진실로 보지는 않는다. 더 큰 죄를 숨기기 위해 아니면 진범을 대신해 허위로 자백할 가능성도 있기 때문이다. 또 자백만으로 처벌한다면 수사기관은 자백을 받기 위한 수사에 치중해 인권침해 등의 문제가 발생할 수도 있다. 수사기관의 강압적인 수사를 막기 위해서도 이러한 원칙은 중요하다. 그렇다면 피고인의 유죄 입증은 누가 해야 하는 걸까? 바로 검사의 일이다. 피고인은 검사가 유죄를 입증하는 동안 그냥 가만히 있으면 될까? 꼭 그렇지는 않다. 피고인은 자신이 무죄라는 사실을 적극적으로 주장해야 한다. 무죄를 입증할 필요까지는 없더라도 판사로 하여금 유죄라는 확신이 들지 않도록 하는 것이 중요하다. 그래서 변호사는 판사가 유죄의 심증을 가지지 않도록 필요한 주장을 하고, 주장을 뒷받침하는 증거를 추가로 제출해야 한다.

어떤 증거를 어떻게 찾아야 할까

드라마《부부의 세계》는 파격적인 불륜 소재와 배우 김희애의 연기로 큰 인기를 끌었다. 나 또한 남편과 함께 놓치지 않고 챙겨보면서 일주일의 피로를 풀곤 했다. 극중에서 지선우(김희애)는 바람을 피운 남편(이태오)과의 이혼을 결심하고 증거를 수집하기 위해 고군분투하는 모습을 보여준다. 지선우의 변호사는 지선우에게 불륜의 증거를 가져오라고 했다. 그러면서 성관계 동영상이나 사진이 필요하다고 했다. 물론이런 것들이 확실한 증거인 것은 분명하다. 그런데 반드시성관계를 전제로 하는 간통이 아니더라도 상대방의 부정행위만으로도 충분히 이혼 청구를 할 수 있다. 배우자와 상간자(내연남 혹은 내연녀)가 서로 연인 관계처럼 보이는 대화 내용이나 연인과 다름없는 모습이 찍힌 사진이 있다면 이것만으로도 상대방의 외도를 충분히 입증할 수 있다. 그러니 극중변호사의 조언은 절반은 맞고 절반은 틀렸다고 볼 수 있다.

변호사는 의뢰인에게서 들은 사실관계를 토대로 법적으로 주장해야 할 사실이 무엇이고 그 사실을 뒷받침할 수 있는 증거가 무엇인지 찾아야 한다. 그러므로 의뢰인은 변호사에게 관련 서류나 증거가 될 만한 모든 것들을 가져다주어야 한다. 증거가 되고 안 되고는 변호사가 판단하면 된다. 의뢰인 중에는 간혹 증거를 만들어오겠다고 말하는 분도 있다. 그러면 나는 불법적인 방법을 써서 증거를 수집해서는 안 된다고 주의를 준다. 특히 이혼소송에서 상대방의 외도를 밝히겠다고 상대방 몰래 핸드폰이나 자동차에 위치추적기 같은 걸 다는 일이 종종 있는데 이는 명백한 범죄이다.

재판 중에도 변호사는 어떻게 하면 입증을 잘할 수 있는지 끊임없이 생각해야 한다. 입증해야 할 사실관계를 잘 아는 제3자가 있다면 증인신청을 해야 하고, 필요한 문서가 다른 기관에 있다면 사실조회나 문서송부촉탁, 문서제출명령 등을 신청하기도 해야 한다. 예컨대 상대방의 신용카드 사용내역이나 은행계좌 거래내역 등이 필요하다면 법원에 '금융거래정보 제출명령신청'을 해서 입증에 필요한 자료를 받아서 제출할 수도 있다.

드라마나 영화에서 보면 변호사가 "재판장님! 방금 증인이 도착했습니다!"라고 하며 기다렸다는 듯이 법정 문이 열리면서 증인이 멋지게 등장하는 장면이 꽤 나온다. 그런데 현실에서 이런 일이 일어난다면 판사는 물론 다른 재판의 관계자들이 엄청나게 화를 낼 일이다. 예상치 못한 증인으로 인해 재판이 뒤로 밀릴 게 분명하거니와 재판부에서는 아예 증인신문도 허락하지 않을 것이다. 증인신문을 하려면 증인 신청을 먼저 해야 하고 이를 판사가 받아들여야 증인신문기일이라고 해서 재판 날짜가 따로 정해진다. 형사소송을 제외하고는 증인에게 물어볼 질문(증인신문사항)도 미리 제출해야 한다. 그러니 드라마에서처럼 증인신문이 갑작스럽게 진행되는 일은 좀처럼 일어나지 않는다. 그리고 변호사가 무슨 사설탐정이라도 되는 양 증거를 직접 발로 뛰면서 찾고 다닌다고 생각하는 경우도 있다. 드라마 《동네변호사 조들호》에서는 변호사 조들호(박신양)가 증거를 수집한다면서 위장 취업을 하는 장면까지도 나온다. 하지만 실제로는 변호사가 이런 식으로 일하지 않는다. 사건에 따라 현장 답사를 가는 일이 있기는 해도 드라마에서처럼 변호사가 직접 증거를 수집하러 다니는 것은 아니다. 사건의 사실관계를 가장 잘 아는 사람은 의뢰인이고 증거를 가장 많이 갖고 있는 이 또한 의뢰인이지 변호사는 아니기 때문이다. 현실의 변호사는 모인 증거로 논리를 세우고 서면을 작성하는 일에 집중한다. 발이 아닌 머리를 쓰는 일이 변호사의 일이라 할 수 있다.

이 글 시작에서 언급한 일본 영화《그래도 내가 하지 않았어》의 주인공은 어쩌면 증거재판주의의 피해자라 할 수 있다. 진실은 누구도 알 수 없다. 수사기관이나 법원은 사실을 밝히는 장소는 아니고 무죄 판결은 죄가 없음을 뜻하는 게 아니다. 무죄 판결은 범죄사실의 증명이 없다는 것을 말하는 것이고, 수사기관의 혐의없음 처분은 증거가 불충분하다는 것을 뜻한다. 민사소송도 이와 별반 다르지 않다. 내가 아무리 친구에게 돈을 빌려주었다 해도 증거가 없다면 믿어주지 않는다. 내 말이 진실이라고 믿어 달라는 외침을 한다고 해도 소리 없는 메아리에 불과하다. 주장과 사실을 뒷받침하는 증거를 토대로 설득해야 내가 말하는 진실에 한 발짝 다가설 수 있다.

07

반박하는 글쓰기

누군가와 논쟁을 해본 적 있는가. 서로 다른 의견을 가진 사람들이 자기주장을 말이나 글로 논하여 다투는 것을 논쟁이라고 한다. 쉽게 말해 말이나 글로 싸우는 것을 말한다. 재판은 이 같은 논쟁의 과정이라 할 수 있고, 법원은 논쟁의 과정을 지켜본 후 누가 옳은지 그른지를 따져서 판단을 내리는 곳이다. 특히 민사소송은 서면 싸움이라고 해도 무방할 정도로 재판이 진행되는 동안 계속해서 상대방과 서면을 주거니 받거니 한다. 그래서 아무리 논리적인 생각을 해냈다 하더라도 글로써 제대로 풀어내지 못하면 아무 소용이 없다.

증거가 명백해서 승소가 확실한 사건이라면 서면을 어떻

게 쓰든 상관없지 않느냐 말하는 이들도 있다. 하지만 사건은 생물(生物)과도 같아서 결과를 함부로 속단해서는 절대 안된다. 이는 법조계의 암묵적 진리이다. 서면에서 쟁점을 어떻게 부각하는지에 따라 결론은 얼마든지 달라질 수 있다. 그래서 서면을 쓸 때는 어떻게 하면 내 주장에 설득력을 높일 수 있는지 고민해야 한다. 서면에는 내 주장이 옳다는 내용이 주가 되지만 반대로 상대방의 주장에 대해서 왜 그 주장이 부당한지 반박하는 내용도 포함된다. 그런데 상대방 주장을 반박하지 못한다? 그것은 반박할 근거를 찾지 못했거나 반박할 가치가 없다고 생각해서이다. 이유야 어떻든 상대방 주장에 대한 반박을 빼놓아서는 안 된다. 상대방 주장을 받아들이지 않도록 판사를 설득하는 것 역시도 변호사의 역할이라 할 수 있다.

상대방 주장은 그 요지를 파악해서 반박한다

임대인이 임차인의 계약 위반을 이유로 상가건물 임대차

계약을 해지하고 건물 인도를 구하는 사건을 맡은 적이 있다. 나는 임대인을 대리해 임대차 계약이 종료됐다는 주장을 했다. 사건의 요는 이렇다. 임대인이 임차인에게 건물을 내주면서 업종을 제한하는 약정을 했다. 그런데 임차인이 계약할 때 약정한 업종과 다른 업종으로 변경하면서 이를 두고 임대인이 임차인에게 임대차 계약을 해지하는 소를 제기한 것이었다.

업종 제한 약정은 상가건물 임대차 계약에서는 흔히 있는 약정으로 임차인의 독점적인 영업을 보장해주는데 의미가 있다(예를 들면 같은 건물에 편의점이 두 개가 되지 않도록). 계약서에는 업종을 변경할 시에는 임대인의 동의가 있어야 한다는 조항도 포함된다. 이번 사건의 경우 임대인은 케이크 전문점이라는 임차인의 말에 업종 변경에 동의했던 사안이었다. 그런데 가게 인테리어가 끝날 무렵 누가 봐도 커피 전문점임을 알 수 있는 간판과 현수막을 달았다. 이에 임대인은 임차인에게 공사 중지를 요청했지만 임차인은 계속 공사를 진행했고 임대인은 끝내 소송을 제기한 사건이었다. 임차인은 커피 전문점이 아니라 빵을 주로 파는 곳이라면서 이는 계약 위반

이 아니라는 주장을 했다. 하지만 상호도 그렇고 업체의 홈
페이지를 보게 되면 커피 전문점이라고 버젓이 소개하고 있
는 상황이었다.

상대방 주장을 억지라고 하면서 그냥 넘겨야 할까? 이런
경우 내 주장에 대한 근거만 대서는 안 된다. 내 주장에 대한
근거와 함께 상대방 주장이 왜 부당한지도 이야기해야 한다.
상식적으로 봤을 때도 말이 안 되는 주장을 한다 하더라도
왜 그 주장이 말이 안 되는지 조목조목 따져서 반박해야 한
다.

상대방의 주장을 반박하기 위해서는 상대방 주장을 이해
하고 요약하는 게 먼저다. 당연한 말이지만 반박에도 반드시
근거가 있어야 한다. 그래서 상대방 주장을 제대로 이해하지
못하면 제대로 된 반박을 하지 못하게 된다. 예를 들어 상대
방이 근거로 들고 있는 판례의 사실관계와 주장하고 있는 사
실 사이에 다른 부분이 있다면 어떤 점에서 다른지 분석해서
서면을 써야 한다. 상대방 주장에 대한 반박 없이 자신의 주
장만 늘어놓는다면 상대방 공격에 제대로 방어하지 못하는
것이 된다. 판사를 설득하는 데에는 상대방 주장이 부당하다

는 근거와 내 주장이 합당하다는 근거, 이 두 가지 모두가 필요하다.

논점을 일탈해서는 안 된다

일관된 주장이 설득력이 강하다. 즉, 주장과 근거는 결론을 이끌어내는 데 한 방향으로 초점이 맞춰져야 한다. 서면은 명확하고 간결하게 쓰는 게 좋다. 중언부언하거나 불필요한 사실을 언급한다면 논점이 흐트러질 수 있다.

성폭력 사건의 가해자 중에는 자신의 무죄를 주장하면서 피해자의 행실을 지적하는 이들이 있다. 피해자에게 피해자다움을 요구하거나 피해자의 평소 행실이 문란했다는 점을 주장한다면 명백한 논점 일탈이다. 행실이 문란하지 않으니까 무조건 성폭력의 피해자냐고 반문해보면 답이 나온다. 피고인이 무죄라는 근거를 피해자다움에서 찾아서는 안 된다. 이처럼 논점을 벗어난 주장으로는 판사를 설득하기가 힘들다.

간혹 사건과 관련도 없고 굳이 서면에 담으면 오히려 쟁점이 흐트러질만한 이야기도 적어 달라는 의뢰인이 있다. 사실 이런 경우 난감하다. 변호사는 의뢰인의 대리인이니까 의뢰인의 말대로 해야 하는 것일 수도 있지만 의뢰인의 이익을 위해서는 거절하는 게 맞다. 변호사마다 나름의 기준이 있겠지만 내 경우 의뢰인의 이런 부탁에 대해서는 서면 말미에 별도의 제목으로 따로 쓰거나 참고자료로 추가 제출한다. 물론 이 또한 논점을 일탈하는 정도가 심하지 않는다는 것이 전제될 때 말이다.

주장의 근거는 자료 조사에서 나온다

서면을 쓰기 전에는 충분한 자료 조사가 전제되어야 한다. 물론 그 전에 의뢰인으로부터 관련 자료를 건네받고 사실관계에 대한 이야기도 상세히 나눠야 한다. 특히 내가 모르는 영역의 사건이라면 더더욱 의뢰인의 말에 귀 기울여야 한다. 하지만 그렇다고 해서 의뢰인이 제공한 자료만 가지고서 서면을 쓰지는 않는다. 더 필요한 자료가 무엇인지 따져

본 후 의뢰인에게 요청할 자료라면 의뢰인에게 요청하고 그렇지 않다면 스스로 찾는 노력을 한다. 법리에는 법조문, 판례, 학설 등의 근거가 있어야 하고 사건에 대한 배경 지식도 필요하다. 폭넓은 배경 지식은 사안에 대한 깊이 있는 검토를 도와준다. 그래서 관련 기사나 책, 논문이나 연구보고서 등의 자료도 수집한다. 이처럼 상대 주장에 흔들리지 않는 근거를 대기 위해서는 리서치를 통해 많은 자료를 확보하는 것이 필수적이다.

변호사들이라고 특별한 자료 검색 노하우가 있는 것은 아니다. 흔히 말하는 구글링(구글로 정보를 검색)이라는 것도 하지만 나는 인터넷상의 정보보다 문서화된 정보 즉, 서적이나 논문 그리고 판결문을 좀 더 신뢰하는 편이다. 그래서 무턱대고 정보를 수집하기보다는 좀 더 '신뢰할만한' 자료가 무엇인지 생각하고 이를 찾는 데 집중한다. 일반적인 자료들이라면 누구나 자신의 검색 노하우를 잘 살려 찾으면 된다. 나는 변호사이다 보니 무엇보다 판례 체크를 반드시 한다. 판례는 대법원 종합법률정보사이트, 로앤비, 케이스노트, 엘박스 등을 통해 검색이 가능한데, 나는 주로 엘박스(lbox.kr)를 이용한다. 이 서비스에서는 하급심 판례가 많고 등록되지 않은 판례는 신청만 하면 판결문을 입수해주는 서비스도 제공해준다. 그 외 사건 분야가 완전히 생소한 분야라면 그 분야에 대해 잘 아는 동료 법조인에게 물어보거나 배경 지식을 잘 아는 분들에게 물어본다. 나 또한 내가 잘 아는 분야에 대해서는 동료 변호사들로부터 질문을 많이 받는다. 타인의 지식과 경험을 얻는 것만큼 값진 정보도 없다.

반박할 때 감정적으로 대립할 필요는 없다

가끔 서면에 '상대방의 주장은 천인공노할 일이다'라거나 '이런 주장을 하다니 변호사의 자질이 의심스럽다'라는 등 인신공격에 가까운 표현을 하는 이들이 있다. 나 역시도 받아본 적이 있는데, 기분이 썩 좋지는 않았다. 변호사가 쓰는 서면은 의뢰인의 이름이 아닌 변호사의 이름으로 제출된다. 민사소송에서 법원에 제출하는 서면은 '원고의 대리인은 다음과 같이 준비서면을 제출합니다'라고 시작한다. 형사소송 역시 '변호인 의견서'나 '변론요지서'라는 이름으로 변호사는 피고인의 변호인으로 의견을 개진한다. 그래서 변호사가 쓰는 서면은 변호사의 얼굴이나 마찬가지이다. 그러니 더욱 조심하고 신중히 써야 한다. 의뢰인에게 감정이입을 하는 건 좋지만 최소한의 예의는 갖출 필요가 있다. 상대방이 아무리 말도 안 되는 주장을 하더라도 무시하는 표현을 하기 보다는 왜 말이 안 되는지 근거를 들어 주장을 내세우는 것이 중요하다. 판사를 설득하는 게 목적이지 상대방이 틀렸다고 비난하기 위해서 서면을 쓰는 것은 아니기 때문이다.

꼭 재판과 변호라는 과정만이 아니더라도 나의 주장이든 상대의 주장이든, 주장에 근거를 달아 설명하는 연습을 많이 할 필요가 있다. 오래된 말이지만 죄는 미워하되 사람은 미워하지 말라고 했다. 변호사로 글을 쓴다는 것은 주장과 주장의 대결이지 사람과 사람의 대결은 아니다. 죄라는 것은 그 결과에 따라 정해지는 것일 뿐이다. 주장과 주장의 대결은 어디에나 존재한다. 카톡방에도 있고, 재판정에도 있고, 선거에 출마한 후보자의 말 속에도 있다. 그런데 이 대결에서 근거가 부족하면 내 주장은 설득력을 잃게 된다. 상대가 누구든 내 말을 잘 듣고, 내 의견을 존중하며, 나를 따르게 하고 싶다면 근거가 있어야 한다는 사실을 잊어서는 안 된다. 그리고 상대방 주장에 대해서도 충분히 반박할 수 있는 제2의 근거도 만들어야 한다. 이것은 곧 창과 방패라 할 수 있다. 창과 방패가 있을 때 나를 보호하고 상대를 제압할 수 있다.

08

소통을 위한 글쓰기

지금까지는 변호사의 핵심 업무 중 하나인 서면 쓰기에 대해 설명했다. 이번 글에서는 서면이 아닌 이메일 쓰기에 대해 언급하려고 한다.

변호사에게 이메일 쓰기는 무엇보다 의뢰인과의 소통이라는 측면에서 가장 중요하다. 그리고 사건과 관련해서는 주로 상대방 변호사와 이메일 소통을 한다. 이 경우 대부분 합의와 관련된 내용을 주고받지 메일로 서로 쟁점을 논하거나 그러지는 않는다. 당연한 말이지만 변론을 위해 판사나 검사에게 이메일을 쓰는 경우도 없다. 필요한 내용은 공식적인 문서로만 가능하다.

내가 로스쿨을 다닌 것은 아니지만 로스쿨에서도 이메일을 통한 법률정보의 전달, 의뢰인 혹은 사건 관계자와의 커뮤니케이션을 중요한 일로 보고 가르친다고 한다(로스쿨 담당 교수님이 쓰신 책에서 보았다). 그래서 이번 글은 상대방 변호사나 의뢰인 또는 내담자들과 이메일을 주고받을 때(온라인 상담 등) 어떤 점에 유의해야 하는지 살펴보고자 한다.

의뢰인과 이메일로 소통

나는 1인 변호사로 일하고 있지만 혼자서 모든 일을 다 한다고 생각하지는 않는다. 기본적으로는 의뢰인과 함께한다고 생각한다. 당연한 얘기겠지만 사건을 풀어가는 데 있어서 의뢰인은 열쇠다. 사건이라는 방이 있다면 어디에 문고리가 있는지 찾아야 하고 적절한 타이밍에 열쇠를 넣고 돌려야 한다. 그만큼 의뢰인과의 소통은 중요하다.

의뢰인과 처음 만날 때는 대면 만남을 기본으로 한다. 그러다 어느 정도 사건이 진행되고 나서부터는 전화나 이메일,

문자 혹은 카카오톡 메시지로 소통한다. 서면 작성에 본격적으로 들어갈 즈음이라고 할 수 있다. 질문의 내용이 길어지고 검토해야 할 사항이 많으면 의뢰인에게 이메일로 보내 줄 것을 요청하고, 간단하게 답을 줄 수 있는 사안이라면 문자나 카카오톡으로 소통한다. 사건 의뢰 상담이나 의뢰인과 법원에 제출할 서면이나 자료 등을 주고받는 일 그리고 상대측 변호사와의 연락 등도 주로 이메일을 쓴다.

이렇게 이메일 중심으로 업무를 하다 보면 내용의 구조라든가, 제목, 인사말 등 잘 썼다고 생각되는 이메일을 받을 때가 있다. 동료 법조인이나 상대 변호사로부터 정갈한 문체에 잘 정리된 이메일을 받으면 그 변호사가 달리 보이기도 한다.

이메일을 사용하려면 이메일 계정이 있어야 한다. 업무를 위한 이메일은 회사 계정을 쓰는 게 아무래도 전문적일 수 있지만 내 경우에는 업무의 효율성도 무시 못해 포털사이트의 이메일을 주로 쓴다. 포털에서 제공하는 이메일을 이용하게 되면 블로그, 캘린더, 메모장 등도 함께 연동해서 사용할 수 있어 업무 관리 등에 효율적이다. 대신 업무용으로 쓰는 계정인 만큼 메일 주소로 쓸 닉네임을 신뢰감 있게 정해서 쓴다. 내 이메일 주소는 'lawyer4us'로 시작한다. 그리고 보내는 사람으로는 '문혜정 변호사'로 설정해 직업적인 정체성을 드러낸다.

간혹 업무용으로 주고받는 메일임에도 불구하고 보내는 사람 이름에 닉네임이 그대로 사용되는 경우가 있다. 이런 메일을 받게 되면 일단 누가 보냈는지도 모를뿐더러 마치 장난이나 스팸 메일처럼 보여, 보낸 사람이 변호사인 걸 알게 되더라도 신뢰가 가지 않는다. 그러니 포털 계정의 이메일을 쓰는 거라면 보내는 사람 이름은 어떻게 설정되어 있는지 꼭 확인해야 한다. 발신인 이름은 본명 그대로 쓰면서 직함까지 붙여서 사용하는 게 좋다. 메일함을 보고 누가 보냈는지 바로 알 수 있도록 말이다.

이메일 제목과 본문 쓰기

우리는 하루에도 수십 통의 이메일을 주고받는다. 그중에는 중요한 메일도 있지만 광고성 메일도 있다. 보통 업무상

주고받는 이메일은 요청사항을 담고 있기 때문에 메일 확인과 동시에 할 일 목록이 추가되기 마련이다. 그렇다 보니 바쁜 와중이라면 아무래도 급하다고 생각되는 메일부터 먼저 열어보게 된다. 그리고 반복적으로 자주 오는 메일보다는 처음 받는 메일에 먼저 눈이 간다.

자주 메일을 주고받는 사람이라면 제목을 보고 지금 열람할지 나중에 열람할지를 결정하기도 한다. 그래서 제목을 제대로 쓰지 못하면 수많은 다른 이메일 사이에 묻히고 뒤로 밀리다가 결국 잊히는 메일이 된다. 마케팅 같긴 하지만 제목이 클릭을 부르도록 해야 한다. 따라서 제목에는 인사말이나 자기소개보다는 이메일을 보낸 목적을 분명하게 드러내는 게 좋다. 나 역시도 같은 상담 요청 메일이라도 '변호사님, 안녕하세요'라는 제목보다는 '상담 요청드립니다'처럼 원하는 바를 직접적으로 언급한 메일을 먼저 열어보게 된다. 그래서 메일 제목에는 단도직입적으로 메일을 보낸 핵심 이유를 분명히 밝히는 게 좋다.

이메일과 문자는 글이지만 소통이 전제된 글이라는 점을 꼭 기억해야 한다. 즉, 말이 아닌 글로 나누는 대화라고 생각하면 된다. 인사말이나 마무리 멘트 없이 본문만 달랑 있는 것보다는 형식을 제대로 갖춘 메일이 훨씬 예의 바르게 느껴진다. 당연한 얘기겠지만 간단한 안부 인사로 메일을 시작하고 마무리는 '감사합니다'로 끝맺는 게 무난하다. 처음 이메일을 주고받는 사이라면 인사말과 함께 자기소개를 하는 것도 필요하다.

나는 메일을 쓸 때 본문 내용이 길어지면 1, 2, 3으로 번호를 매겨 전달하기도 한다. 이러면 시각적으로 보기도 좋지만 빠뜨린 사항이 없는지 확인하기에도 좋다. 그리고 요즘은 이메일을 모바일 앱으로 확인하는 사람들도 많기 때문에 길게 문장을 이어 쓰기보다는 줄 바꿈을 자주 해서 핸드폰 화면으로도 잘 읽히도록 한다. 때에 따라서는 소제목을 달거나 중요한 사항에 밑줄을 긋고 굵은 표시를 하는 등 강조하는 부분을 표현하기도 한다. 그리고 이메일을 다 쓴 후에는 맞춤법 검사기를 돌려 오탈자는 없는지 꼭 확인해본다. 서면 쓰기에도 퇴고가 필요하지만 이메일 쓰기에도 퇴고를 잊어서는 안 된다.

상대방에게 보내야 할 파일이 있다면 파일 첨부부터 하

고 나서 본문을 쓴다. 그러면 파일을 빠트리고 보내는 실수도 줄일 수 있다. 첨부 파일의 파일명 역시 상대방이 한눈에 알아볼 수 있도록 작성한다. 파일명은 '소송 종류, 서면 이름, 의뢰인 이름, 날짜, 문서 형태'의 형식으로 한다. 예를 들어, 의뢰인에게 보내야 할 문서가 '변호인 의견서' 초안이라면, 파일명은 '[형사] 변호인 의견서_의뢰인 이름(2021.07.23.)_초안' 이렇게 쓴다. 첨부 파일이 많다면 본문에 별도로 목록을 나열해서 어떤 파일을 보내는지 미리 알게끔 한다. 상대방은 내가 어떤 파일을 첨부하는지 알 수 없기 때문에 여러 파일 중 한두 개가 실수로 누락되어도 뭐가 빠졌는지 알 수 없다.

　의뢰인에게 메일을 보내면서 서면 확인을 부탁할 때는 정확한 날짜를 언급한다. '다음 주 중'처럼 모호하게 말하기보다는 '다음 주 금요일까지 확인 부탁드립니다'라고 명확하게 날짜를 밝히는 게 좋다. 나 역시 서면을 언제까지 써서 전달하겠다고 내 의사를 정확하게 밝힌다. 변호사와 의뢰인처럼 신뢰를 기반으로 하는 관계일수록 상대방이 충분히 진행사항을 알 수 있도록 그래서 불편과 불안을 덜어줄 수 있도록 신경을 쓰는 게 중요하다.

또 한 가지 많이 하는 실수가 같은 내용의 메일을 여러 사람에게 보낼 때 받는 사람 전부가 다 드러나는 경우다. 메일을 받는 사람이 서로 모르는 사이고 단체 메일을 보내는 게 실례가 될 수 있다고 생각한다면 개인별 발송이나 숨은 참조를 활용하는 게 좋다. 내가 사용하는 네이버 메일 서비스는 '개인별'이라는 게 있어서, 이를 체크해서 보내면 여러 명의 수신자에게 개별로 보내는 것처럼 이메일이 발송된다. 언젠가 한 기관으로부터 이메일을 받은 적이 있는데 참조로 달려 온 수십 개의 주소를 보고는 깜짝 놀란 적이 있다. 이메일 주소도 개인정보에 해당하므로 조심해야 한다.

이메일 상담은 의견서와 다를 바 없다

상담을 요청하는 이메일에 회신하는 것도 변호사의 의견을 담은 글쓰기라 할 수 있다. 그래서 상담 이메일을 쓸 때는 의견서를 작성한다는 생각으로 임한다. 의뢰인은 통상 법률용어에 익숙하지 않은 경우가 대부분이다. 그래서 법률용어를 쓰더라도 의뢰인이 알아듣기 쉽게 쓰려고 한다. 답을 할 때는 내 생각과 의견을 명확하게 전달하기 위해 결론부터 쓰는 방식을 주로 택한다. 결론을 앞에 쓰고 뒤이어 왜 그런 결론이 나왔는지 설명한다. 상담을 원하는 이는 답을 구하고자 메일을 보낸 것인 만큼 가장 궁금해하는 것부터 먼저 말한다.

이메일로 상담을 요청하는 이들 중에는 본받고 싶을 정도로 메일을 잘 쓰는 분들이 있다. 인사말부터 자기소개, 사건 요약, 질문을 잘 정리해서 보내준다. 반면 두서없이 길게 쓴 메일도 있다. 이런 경우는 일단 해독부터가 힘이 든다. 상대방이 보낸 내용을 요약하고 궁금한 사항을 정리한 다음 맞는지 다시 한번 확인하는 메일을 따로 보낸다. 요즘에는 대면 상담에 앞서 온라인 상담을 먼저 받기를 원하는 사람들이 많다 보니 이메일 상담도 대면이나 전화 상담 못지않게 품이 들어간다. 하지만 의뢰인이 날 믿고 본인 얘기를 털어놓는 거라 수박 겉핥기식으로 답하지 않도록 신경 쓴다.

성실하게 상담에 임했지만 모든 상담이 사건 수임으로 연결되는 것은 아니다. 변호사에게 원하는 것만 취하려는 사람도 있고, 심지어는 사안을 열심히 검토해서 메일을 보냈는데도 확인조차 안 하는 분들도 있다. 그럴 때면 힘이 쭉 빠진다. 그래도 도움이 됐다며 감사하다는 회신을 보내주는 분들을 만날 때면 반대로 힘을 얻는다. 그래서 이메일 상담이 반드시 사건 수임으로 연결되어야 한다는 부담을 내려놓는 게 오히려 더 도움이 된다.

소통은 어느 한 쪽만 잘해선 안 된다

의뢰인과 소통이 제대로 되지 않는다면 사건 해결은 힘이 들 수밖에 없다. 소통이 잘 된다는 건 서로 간에 오해가 없다는 것을 뜻한다. 변호사가 의뢰인과 사건 전반에 대한 이야기를 나눈다 하더라도 사건을 진행하다 보면 새로운 사실이 튀어나오기도 하고, 의뢰인이 사건과 관련 없다고 지레짐작하고 말하지 않은 것이 문제가 될 수도 있고, 상대 측에서 새로운 문제를 들고 나올 수도 있다. 그럴 때마다 사실관계를 확인해주어야 할 대상은 의뢰인이다. 메일이든, 전화든, 대면이든 의뢰인과 변호사가 제때 소통하지 않으면 사건은 산으로 가게 되고 결국 결과는 원하지 않는 방향으로 귀결된다. 그렇다고 해서 변호사의 물음에 의뢰인이 성실히 답하는 것만이 잘하는 소통일까? 의뢰인은 변호사가 쓴 서면을 꼼꼼히 검토하는 일도 해야 한다. 수사기관이나 법원에 서면을 제출하기 전 꼼꼼하게 살펴보고 서면에 대한 자신의 의사를 변호사에게 밝혀 이해가 가지 않으면 변호사에게 설명을 구하고 잘못된 부분이 있다면 고쳐 달라고 요구해야 한다.

변호사가 사건에 최선을 다한다는 진심은 의뢰인과의 진심 어린 소통을 통해서만 가능하다. 소통에서 말보다 글이 좋은 이유는 틀린 것을 수정할 수 있다는 점에 있다. 말이 아닌 글로도 상대방에게 진심을 전할 수 있어야 한다.

2부

나를 알리는 글쓰기
신뢰감을 얻기 위한 퍼스널 브랜딩 글쓰기

09

나는 어떤 사람이 되고 싶은가

사법연수원을 수료하고 법률사무소에 소속되어 일할 때 나는 그곳에서 많은 것을 배울 수 있으리라 생각했다. 의뢰인과 상담하는 법, 실제 사건을 효율적으로 처리하는 법 등 도제식 훈련을 받을 줄 알았다. 하지만 개인 법률사무실이다 보니 동료도 없었고 마땅히 나를 가르쳐줄 선배도 존재하지 않았다. 그래서 모르는 것이 나올 때마다 연수원 동기나 타 사무소에 있는 선배들로부터 하나씩 질문하면서 일을 배웠다. 아무런 도움 없이 스스로 문제를 해결해 나가면서 변호사 업무를 익히는 환경이었다. 또한 내가 있던 법률사무소는 패소 가능성이 높은 사건도 의뢰인에게 무조건 이길 수 있다고 말하며 사건 수임에만 열을 올렸는데 이런 업무 환경도 나를 지치게 했다. 나는 의뢰인의 푸념을 들어야 했고 어쩔 수 없는 결과에 대한 책임마저도 내 몫으로 져야만 했다.

결혼을 하게 되면서부터는 일로 좀 더 성장하고 커리어도 잘 쌓고 싶었고 또 한편으로는 임신과 출산, 육아에도 충분한 시간을 쏟고 싶었다. 한마디로 일과 육아 모두를 잘하는 '슈퍼맘'을 꿈꿨다. 하지만 법률사무소 소속으로는 둘 다 내 마음대로 시간을 안배하며 할 수 없을 게 너무나도 뻔했다. 결국 나는 이런저런 생각 끝에 개업 변호사의 길로 들어섰다.

왜 퍼스널 브랜딩인가

그런데 막상 개업하고 보니 사건 수임을 어떻게 해야 할지가 막막했다. 초기에는 지인 소개로 사건을 수임했지만 그것도 슬슬 한계가 보였다. 사건 수임을 지속하려면 지인을 늘려야 하는데 나는 그렇게 외부 활동에 적극적인 사람이 아니었다. 앞으로 어떻게 먹고살아야 할지가 슬슬 고민이 되었다. 돌파구를 찾고 싶은 마음에 마케팅이나 영업 관련 책을 닥치는 대로 구해 읽었는데 그때 '퍼스널 브랜딩'이라는 단어를 처음 만나게 되었다. 광고를 하지 않고서도 꾸준히 나를 알릴 수 있는 방법이라는 문구가 내 눈을 사로잡았다. 나를 제대로 알고 찾아가는 과정 속에 브랜딩의 답이 있다고 했는데 그 말이 너무 마음에 들었다.

나는 내친김에 퍼스널 브랜딩 전문가로 활동하는 김인숙 대표의 〈드림브랜딩〉이라는 수업도 신청해서 들었다. 드림브랜딩은 퍼스널 브랜딩을 위한 프로그램으로 누구나 자신이 꿈을 찾아가도록 도와주는 프로그램이었다. 4주 동안 매주 미션을 해나가면서 나는 내가 무엇을 좋아하는지 그리고 무슨 일을 하고 싶은지 명확히 알 수 있었다. 변호사 일을 잘하고 싶다에만 그치는 것이 아니라 어떤 변호사로 일하고 싶은지, 전문 분야는 무엇인지 그리고 그것이 나에게는 어떤 의미인지 '나'라는 존재와 '내 일'에 깊이 천착해보는 시간을 가질 수 있었다. 무척 즐겁고 새로운 경험이었다.

퍼스널 브랜딩은 쉽게 말해 특정 분야에서 나를 떠올릴 수 있도록 나라는 브랜드를 만들어가는 것이라 생각하면 된다. '아동 심리' 하면 오은영 박사, '반려견 행동 교정' 하면 강형욱을 떠올리는 것처럼 말이다. 이 과정에서 그 일을 즐겁게 하는 나를 발견한다는 것은 단순히 나를 소개하는 광고나 홍보와는 다르다. 아시다시피 브랜딩이란 하루아침에 뚝딱 하고 만들어지지 않는다. 명성을 쌓기 위한 꾸준한 노력이 반드시 전제되어야 한다. 오은영 박사도 수많은 부모를 만나고 이분 믿을 만하다는 입소문이 나기까지 많은 시간이 소요되었다. 나 역시도 그 시간을 거쳐야 하고 그러려면 무엇보다 내가 하는 일이 즐거워야 한다. 그래야 꾸준한 노력도 기울일 수 있고 명성도 차곡차곡 쌓이게 된다. 이처럼 브랜딩이란 짧은 시간 안에 효과를 보는 일회성의 단순한 홍보 마케팅과는 다르다. 꽤 오랜 시간이 걸리는 일이며 잘하는 척이 아니라 진짜 잘하는 내가 되어야 한다.

나는 어떤 변호사가 되고 싶은가

퍼스널 브랜딩을 위해 질문은 자연스럽게 "나는 어떤 변호사인가? 어떤 변호사가 되고 싶은가?"로 이어졌다. 나는 변호사로서의 여러 모습 중 '신뢰할만한 변호사' '글 쓰는 변호사' '꾸준한 변호사'라는 모습을 상정했다. 이런 모습이 의뢰인에게 진정성 있게 나를 전달해 줄 수 있을 거라 믿었다. 그런데 이런 인식은 내가 광고를 한다고 해서 무조건 만들어지지는 않는다.

브랜딩 공부를 위해 읽었던 책 『오늘부터 나는 브랜드가 되기로 했다』의 김키미 작가는 '마케팅은 나에게서 일어나는 것이지만 브랜딩은 상대의 인식 속에 생겨나는 것'이라고 했다. 마케팅을 통해 내가 아무리 좋은 사람이고 괜찮은 변호사라는 것을 알린다 하더라도 상대가 동의해주지 않으면 브랜딩은 실패한다는 뜻이다. 그렇다면 스팸이 아닌 마케팅으로 나의 이미지를 타인에게 심어주려면 어떻게 해야 할까?

나는 변호사로서 나의 모습, 내가 추구하는 일에 대한 가치와 생각을 글로 써보기로 했다. 내가 그런 사람이 되고자 고민하는 과정을 글로 보여준다면 상대방도 그렇게 나를 인식하게 되지 않을까 하는 생각을 했다. 그리고 꼭 그렇게 된다고 하지는 않더라도 적어도 꾸준히 노력하는 변호사로는 비치지 않을까 하는 생각을 했다.

하지만 블로그를 시작하는 데에는 상당한 용기가 필요했다. '신뢰할 수 있는 변호사'를 보여주는 것으로 글쓰기를 선택했으니 있는 그대로의 내 모습을 보여주기만 하면 그뿐이지만 사적으로는 어디까지 드러내야 하는지가 고민스러웠다. 무작정 내가 가진 생각, 내 사생활까지 드러낸다고 해서 나의 진정성이 전달되는 것은 아니었다. 그리고 혹시 잘못된 정보를 전달하는 것은 아닌지, 개인적인 소회를 적은 글을 공격하려는 사람이 생기진 않을지 이런 생각들까지 겹쳐지니 블로그 운영이 마냥 쉬울 수가 없었다. 글을 썼다 지웠다, 다시 읽고 고치기를 반복하며 겨우 한 글, 한 글씩 어렵사리 발행 버튼을 누르며 블로그를 시작했다.

글을 쓸 때마다 생각하는 세 가지

사실 지금도 글을 쓰고 발행하기 전에는 두려운 마음이 드는 게 사실이다. 그래서 글을 쓸 때마다 용기를 내기 위해 스스로에게 하는 세 가지 주문이 있다.

　첫 번째는 글 하나로 내 전부를 설명할 수 없다고 생각하는 것이다. 디자이너로서 자신의 퍼스널 브랜딩을 잘 구축한 박창선 작가는 자신의 책『팔리는 나를 만들어 팝니다』에서 이렇게 말한다. "내가 제품에 담아내는 것은 내 전부가 아닙니다. 사람은 본래 여러 가지 모습을 지니고 있습니다." 이 말은 비록 상품이나 서비스에 대한 내용이긴 하지만 나에게도 해당 되는 말이었다. 나는 이 책을 읽고서야 '이 모습이 내 전부라고 생각하면 어쩌지' '이게 나라고 단정 지으면 어쩌지' 하는 마음의 짐을 덜어낼 수 있었다. 그리고 어느 지인은 나에게 이런 말도 해주었다. "사람들은 타인에게 그다지 관심이 없어요, 그러니 너무 많은 생각을 하지 말고 일단 써보세요." 돌이켜보면 모두 맞는 말이다. 내가 심혈을 기울여 쓴 글은 읽는 이에게는 수많은 글 중에 한 편일 뿐이다. 그러니 두려워 말고 써야 한다.

　두 번째는 완벽해지려는 욕심을 내려놓아야 한다는 것이다. 법률정보를 다루는 글을 쓰다 보면 혹시 내가 잘못된 정보를 전달하는 게 아닐까 걱정이 될 때가 있다. 변호사라고 모든 걸 다 아는 건 아니다 보니, 객관적인 자료를 찾고 실무 지식이 바탕이 되는 글을 쓰려고 노력하지만 실수할 때가 있다. 그래서 실수하지 않으려고 검증에 검증을 거듭한다. 그렇게 하다 보면 자연스럽게 공부가 되고 정리가 되는 시간으로 연결이 된다. 간혹 내 글에 누가 감사하다는 인사를 보내거나 비밀 댓글로 질문을 달 때면 누군가에게 도움이 되고 있구나 하는 생각을 한다. 그래서 실수에 대한 걱정은 내려놓고 누군가에게 도움이 되었으면 하는 마음만 챙기면서 글을 쓰려고 한다.

세 번째는 내 글이 모두를 만족시킬 수는 없다고 생각하는 것이다. 비난 댓글이 달리거나 내 글을 불편해하면 어쩌지 하는 걱정이 전혀 없는 것은 아니지만 지나치면 오히려 독이 된다. 내가 뭘 해도 싫어하는 사람이 있을 것이고 반대로 좋아하는 사람도 있을 것이다. 모두의 사랑을 받을 수도 모두의 요구를 충족시켜 줄 수도 없고 또 그럴 필요도 없다. 나를 위한 조언은 겸허히 받아들여야겠지만 글만 보고 나를 평가하고 혹은 폄훼하는 누군가가 있다면 그의 말은 귀담아 들을 필요가 없다.

사실 사건 수임을 위해 글을 쓴다는 것을 부정하고 싶지는 않다. 하지만 글쓰기를 통해 얻은 가장 큰 수확이 사건 수임만은 아니다. 시작은 사건 수임이고 퍼스널 브랜딩이지만 그 과정에서 나는 점점 더 독립(개업) 변호사로서 나의 지향점을 구체화할 수 있었다. 생각과 상상으로만 꿈꾸는 것과 직접 글로 써보는 것은 큰 차이가 있다. 변호사로서 나의 모습과 나의 방향 그리고 우리 사회에 줄 수 있는 좋은 가치에 대한 발견, 이 모든 것이 글을 쓰면서 얻은 가장 큰 수확이자 기쁨이다. 그리고 지금까지도 글쓰기를 멈출 수 없는 이유이기도 하다.

10

진정성, 나를 드러내는 글쓰기

개업 변호사는 개인 사업자와 다를 바 없다. 개인 사업자에게 영업은 필수이다. 처음 개업을 했을 때 주변 변호사들은 나에게 모임에 나가라는 조언을 많이 했다. 골프나 등산을 권유하는 이들도 있었다. 그런데 문제는 내가 전형적인 내향인(內向人)이라는 데 있었다. 나는 마음이 맞는 소수의 사람과 깊이 있는 교류를 즐기고 운동 역시 요가나 필라테스와 같은 정적인 운동을 좋아한다. 활동성과는 너무나 거리가 멀다. 지금껏 참여한 모임도 사교 목적의 모임보다는 독서나 바인더(플래너) 쓰기 같은 자기계발 모임이 전부였다. 그러니 영업(?)을 위해 나 자신을 바꿔야 하는지가 의문이면서 어려웠다. 태생적으로 나는 개업이 맞지 않는 사람인데 섣불리 시작한 게 아닐까 하는 생각을 수천 번도 넘게 했다.

그때마다 내향인의 심리를 다룬 수전 케인의 책『콰이어트』는 나에게 참으로 많은 도움을 주었다. 책은 세상을 움직이는 사람이 꼭 외향인(外向人)만 있는 것은 아니라고 했다. "내향적인 사람은 사교술도 뛰어나고 파티와 사업 미팅을 즐길 수도 있지만, 잠시 지나고 나면 집에서 파자마 차림으로 있으면 좋겠다고 생각한다. 이들은 가까운 친구, 동료, 가족에게 에너지를 집중하는 것을 좋아한다. 말하기보다는 듣고, 말하기 전에 생각하고, 말보다는 글로 자신을 표현하는 것이 낫다고 느낀다. 그리고 갈등을 싫어하는 편이고 수다는 두려워하지만 깊이 있는 논의를 즐긴다."

나는 이 부분을 읽으며 마치 누가 나를 들여다보고 쓴 게 아닐까 싶을 정도로까지 공감이 되었다. 혼자 일하는 시간도 많지만 외부 활동도 잦은 편이고 그렇게 사람들을 만나다 보면 에너지가 쉽게 고갈되고 그래서 반드시 혼자 있는 시간을 필요로 하는, 바로 나였다. 혼자서 숙고하는 시간이 내게는 에너지를 다시 축적하는 시간이었다. 사람들과의 대화 속에서 말하기보다는 경청하기를 즐기고 상대방 말 속에 숨은 의도를 정확히 파악하려고 노력하고, 사실 이런 활동들은 즐거운 일이기도 하지만 무척 피곤한 일이기도 하다. 그래서 이런 시간을 겪고 나면 다시금 소비해버린 에너지를 충전하는 시간이 필요했다.

그런데 이런 성향이 있는 내가 나를 알린다? 어떻게 할 수 있을까? 스스로 브랜딩 하기로 마음먹은 이상 광고는 선택지가 아니었다. 그렇다면 무엇을 해야 할까? 글을 쓰면서도 나를 스스로 알릴 수 있는 길, 그것은 개인 미디어(블로그) 운영이었다. 법률문서이긴 하지만 글 쓰는 일은 늘 하는 일이었고 독자만 바뀔 뿐이지 항상 하던 일이라고 생각하니 다른 매체보다 거부감은 덜했다. 다만 앞에서도 언급한 것처럼 글쓰기를 하게 되면 나를 드러낼 수밖에 없고, 그것이 극복해야 할 문제였다. 하지만 변호사인 나의 존재를 알리면서 동시에 내가 즐겨 할 수 있는 일이 글쓰기라는 것에 생각이 미치자 더는 미룰 수가 없었다.

MBC PD이기도 한 김민식 작가는 『매일 아침 써봤니?』라는 책에서 "블로그란 넓은 인터넷의 바다에 만들어 놓은 나의 분신입니다. 네트워크에 올려둔 나의 글이 나를 대신해 사람을 만납니다"라고 했다. 내 글이 나를 대신해 사람들을 만나고 내가 누구인지 알려준다는 데, 더 이상 블로그 운영을 망설일 이유는 없었다.

블로그의 모든 글을 직접 쓴다

글은 직접 써야 한다고 생각한다. 얼굴이 나오는 유튜브라면 직접 출연해서 방송을 하지만 블로그는 변호사에 따라 직접 글을 쓰지 않고 대리인을 통해 운영하는 경우도 많다. 여러 가지 일로 바쁜 변호사가 직접 글을 쓰지 않고 전문가에게 맡기는 것이 문제가 되는 것은 아니지만 적어도 본인의 이름으로 나가는 글이라면 한 번은 읽어보고 발행해야 한다. 틀린 정보가 있는지도 확인해야 하고 혹시 자신의 생각과 다른 점이 있다면 이런 것도 체크해야 하는데, 의외로 이런 것을 소홀히 하며 블로그를 운영하는 변호사들이 많다.

심지어는 내 글을 무단 도용하는 이들도 있었다. 블로그의 내 글을 그대로 가져가서 베껴 쓰는 또다른 블로거들이었다(변호사를 대신해 법률 콘텐츠를 만들어 게시하는 업체). 이들은 글의 도입 부분에 들었던 예시부터 시작해서 다음 글에 무엇을 쓰겠다는 예고마저도 똑같이 따라 했다. 도용도 문제지만 글을 가져가 짜깁기를 하면서 엉뚱하게 편집해 틀린 정보가 올라가기도 했다. 도가 지나치다고 생각되는 곳은 포털 사이트에 해당 글에 대한 게시 중단을 요청했다. 그 중 한 업체는 글을 무단 도용해 마음을 상하게 한 건 미안하지만 참고만 했을 뿐이라고 어처구니없는 변명을 내놓았다. 법조문이나 판례에는 저작권이 없지만 법조문과 판례에 대한 해석은 글쓴이의 고유한 영역이다. 더구나 내 글은 다급한 마음에 검색을 통해서라도 문제를 해결하고자 하는 이들을 돕기 위해 쓴 글이지 변호사 선임이 반드시 필요하다고 쓴 글도 아니었다. 나는 글 본래의 의도마저도 퇴색시켜버리는 업체의 행태에 너무 화가 났다.

사실 법률정보를 다루는 글은 천편일률적이다. 정해진 내용을 설명하는 것이니 그럴 수밖에 없다는 것도 어느 정도 이해는 된다. 그러나 설명하는 사람이 누구인지에 따라 전달하는 내용의 색깔은 확연히 다르다. 잠깐 다른 분야의 얘기를 해보자. 역사를 알기 쉽게 전달하는 대표적인 사람으로 최태성과 설민석 두 강사를 꼽을 수 있다. 두 사람이 전달하는 역사적 사실과 지식은 크게 다르지 않지만 우리가 이를 다르게 느끼는 이유는 자신만의 색깔이 있기 때문이다. 그것은 역사적 사실에 대한 관점의 차이일 수도 있고 대중들에게 역사를 설명하는 방식의 차이일 수도 있다. 즉, 같은 콘텐츠라 하더라도 전달하는 사람이 누구인지에 따라 얼마든지 달라질 수가 있다. 나만의 고유한 색을 담아 쓰는 글은 자연스럽게 남과 다른 차별점을 만들어 낸다. 이는 남들이 결코 흉내 낼 수 없는 것이다.

　내 손의 지문처럼 내가 누구인지를 분명히 알려주는 게 바로 글이다. 그런 만큼 영업과 홍보의 목적이 아닌 글일수록 내가 직접 쓰는 수고로움을 거쳐야 한다. 광고가 목적이라면 대행업체에 맡기는 것이 빠르겠지만, 내 이름과 내 캐릭터를 알리는 퍼스널 브랜딩 나아가 진정성이 목적이라면 글은 직접 써야 한다. 나라는 사람이 어떤 사람인지, 내가 어떻게 일하는지, 어떤 마음으로 일하는지 내가 쓴 글로 직접 보여줄 때 우리는 그 사람의 진정성을 받아들인다.

나와 결이 맞는 의뢰인

인생에서 위기를 맞거나 중요한 결정을 할 때 찾는 이가 변호사이다. 그래서 변호사와 의뢰인 상호 간에는 진정성있는 소통과 신뢰가 기본 전제로 깔려 있다. 그런데 이 신뢰는 저절로 만들어지지 않는다. 서로 조금씩 쌓아가면서 발전이 된다. 그런데 처음 만나는 의뢰인과 변호사 사이라면 아직은 신뢰가 자리 잡지 못한 상태로 출발하게 된다. 그러다 보니 아무래도 방송을 통해 직간접적으로나마 얼굴을 알고 있는 변호사나 지인이 추천한 변호사들을 찾고 쉽게 신뢰한다.

나는 법률정보에 해당하는 글도 쓰지만 변호사 일이나 법조인으로서 여러 가지 사회 현안에 대한 개인 생각도 글로 쓴다. 아무래도 이런 글은 딱딱한 설명식 글이라기보다는 에세이 같은 글이 되어 읽는 분들이 훨씬 재미있게 보며 법과 변호사에 대한 이해를 높일 수 있으며 내가 특정 사건을 바라보는 시선이나 일을 대하는 자세 등도 내 글을 통해 엿볼 수 있다. 실제로 나를 찾아온 의뢰인 중에는 내가 올린 법률 정보 글 외에 개인 생각 등을 반영한 글을 보고서 신뢰가 가고 믿음이 생겨 찾아오게 되었다고 말하는 이들도 있다.

예비 의뢰인들이 내게 원하는 건 법률정보만이 아닌 자기 마음을 이해해주고 도와줄 수 있는 사람을 찾는 것이다. 그래서 변호사가 어떤 마음으로 자신을 대하고 사건을 해결하는지 알고 싶어 한다. 나 역시도 법조인으로서 추구하고자 하는 방향과 맞는, 즉 나와 결이 맞는 의뢰인이 고객이 되어야 나도 더 힘을 내고 더 즐거운 마음으로 사명감을 갖고 일할 수 있다. 그런 점에서도 블로그 글쓰기는 무척 중요하다. 물론 내가 의뢰인을 골라 받거나 무슨 차별을 두겠다는 뜻은 아니다. 변호라는 게 그저 형식적으로 접근할 수 있는 것이 아니고 의뢰인과 하나가 되는 것인 만큼, 서로 마음과 마음을 맞추는 결이 같다면 결과를 더욱 좋은 방향으로 이끌 수 있기 때문이다.

언젠가 내 블로그를 본 지인이 "네 글은 남 좋은 일만 시키는 거야. 그렇게 해서는 안 돼"라는 말을 했다. 상담 사례를 읽고 필요한 정보를 다 얻어가면 사건을 의뢰할 사람도 발길을 돌릴 수 있다는 말이었다. 나는 내 노력이 물거품이 되지 않을까 하는 마음도 없지 않지만 오히려 내가 쓴 글을 보고 도움을 받았다면 변호사 선임과 상관없이 그걸로 충분하다고 생각한다. 사건 수임으로 이어져야 한다고 생각했다면 계속해서 블로그를 이어 나가기가 어려웠을 것이다. 나를 필요로 하는 사람이 나를 발견할 수 있도록 딱 그만큼의 진정성이면 충분하다고 생각한다.

11

나만의 콘텐츠 만들기

퍼스널 브랜딩을 공부하면서부터 '나만의 콘텐츠'라는 관점에서 글쓰기를 바라보기 시작했다. 그러면서 나는 무슨 글을 쓸 수 있는 사람인가, 나만이 쓸 수 있는 글은 무엇인가를 고민하기 시작했다. 블로그 관련 책이나 강의에서는 무턱대고 글을 쓰는 것보다는 타깃과 주제를 정해 글을 쓰는 게 좋다고 했다. 일정한 주제로 쌓인 글은 자신만의 색깔을 담은 콘텐츠 자산이 된다고 했다.

한 가지 주제의 콘텐츠를 꾸준히 생산하고 업로드하다 보면 그 분야의 인플루언서가 될 수 있다. 그것은 곧 나만의 색깔 만들기이며 퍼스널 브랜딩의 궁극적인 목표가 되기도 한다. 그렇다면 어떻게 해야 나만의 콘텐츠를 갖게 될까. 콘텐츠를 고민하는 것은 결국 나의 정체성과도 연결된다. '내가 집중해야 할 콘텐츠는 법률정보 중 어떤 것이어야 할까?' 나아가 나는 어떤 분야의 전문 변호사가 되고 싶은 걸까?' 생각이 이렇게 꼬리에 꼬리를 물기 시작하자 나는 무엇을 좋아하는지, 변호사 업무 중에서 나의 관심 분야는 무엇인지, 어떤 분야를 내가 잘할 수 있는지 하나씩 탐색하기 시작했다.

나의 지식과 열정이 만나는 곳에 콘텐츠가 있다

'콘텐츠 마케팅'이라는 말을 처음으로 쓰기 시작한 비즈니스 컨설턴트 조 풀리지의 책 『콘텐츠로 창업하라』에 이런 구절이 나온다. "콘텐츠 창업 모델은 기본적으로 스위트 스폿sweet spot, 즉 각자의 지식 또는 기술 분야와 열정이 교차하는 지점에서 시작된다" 이 구절에서 말하는 열정은 콘텐츠 생산을 끝까지 해낼 수 있는 원동력을 말한다. 그리고 스위트 스폿은 야구 방망이나 골프채 등으로 공을 칠 때 원하는 방향으로 가장 멀리 빠르게 날아갈 수 있도록 하는 임팩트 지점을 말한다.

풀리지는 좋아하는 일 중에서도 특히 잘하는 일을 꾸준히 할 때 콘텐츠를 기반으로 한 창업이 가능하다고 했다. 나는 책을 읽으며 이 대목에서 조금 고민이 들었다. 과연 좋아하는 일과 직업이 같을 수 있을까? 생계를 위한 업이 좋아하는 대상이 된다니 그게 가능하다는 말인가? 이 책을 읽을 당시 나에게 변호사 일은 좋아서 하는 일이라기보다는 그저 의무감처럼 해야 하는 일이었다. 소위 밥벌이를 위한 일이었다. 좋아한다고 말하기도 애매한데 그중 잘하는 일을 찾으라니 너무 어려웠다.

많은 자기계발서들이 무엇을 좋아하는지 모를 때 자기 관찰을 열심히 해보라고 한다. 나는 일단 내 일에서 나의 관심이나 흥미 등이 어디에서부터 생겨나는지 생각해보기로 했다. 그동안 변호사로 했던 업무들을 나열해보고 전문성을 키우고 싶은 분야가 무엇인지 고민하기로 했다. 지금 당장 좋아한다고 말하긴 어렵지만 좋아했으면 하는 분야, 즉 내가 열정을 쏟아 마음의 화학 변화를 일으켜야 하는 분야를 찾는 것이었다.

한참 그런 고민에 빠져 있을 무렵 나는 성폭력 사건의 피해자 국선변호사를 맡게 되는 일을 경험했다. (보통은 성폭력 사건만 전담하는 국선변호사가 있지만, 일반 사건을 다루면서 국선변호도 담당하는 비전담 국선변호사 제도도 있다.) 국선변호사가 되어 성폭력 사건을 몇 번 다루다 보니 성폭력 피해자야말로 변호사의 도움이 꼭 필요한 사람들이란 생각을 하게 되었다. 신분 노출을 꺼려하는 피해자 입장에서 자신의 목소리를 밖으로 드러내기 어려운 것이 성폭력 사건이었다. 신분 노출 없이 가해자 측과 합의를 진행하거나 수사기관이나 법원이 간과한 법리 주장을 펼치는 것이 변호사의 일이었다.

나는 몇 번의 성폭력 피해 사건을 다루면서 피해자가 수동적 위치에서가 아니라 스스로 권리를 주장할 때 피해 회복에 더 큰 도움이 된다는 것을 알게 되었다. 범죄사실을 정확히 밝히고 가해자가 법의 심판을 제대로 받게 하려면 피해자의 역할이 중요하고 이런 피해자를 돕는 변호사의 역할은 가해자의 변호인 못지않게 중요했다. 하지만 인터넷에서 '성폭력'이나 '성범죄'를 검색해보면 피해자보다는 가해자를 위한 콘텐츠가 대부분이지 피해자를 위한 정보는 쉽게 찾을 수가 없었다. 특히 가해자의 경우 지인들로부터 변호사를 소개받으려면 자신이 성범죄 피의자나 피고인이 된 사실을 알려야 하는 부담이 있기 때문에 인터넷을 통해 변호사를 찾고 접촉하는 일이 잦았다. 그러다 보니 가해자 위주의 법률 서비스를 제공한다는 글과 광고들이 많았지, 피해자를 위한 법률 서비스 제공의 글은 찾기가 어려웠다. 실제로 여러 (여성)피해자들을 만나보면 사건이 발생하고 나서 어떻게 해야 하는지 정보가 부족하다는 이야기를 많이 했다. 정보가 많지 않아 답답하고 불안하다는 피해자의 이야기는 같은 여성으로서 마음이 아팠다.

나는 성폭력 피해자를 위한 글을 써야겠다고 마음먹고 피해자로 경찰 조사를 받을 때 어떻게 해야 하는지, 증인신문을 위해 법정에 서야 한다면 무엇을 준비해야 하는지, 합의할 때 무엇을 주의해야 하는지 등의 글을 썼다. 이렇게 쓴 글 중에 8,000번이나 조회되는 글도 생겼다. 실제로 많은 사람이 정보에 목말라 하고 있다는 것을 알 수 있었다. 내가 올린 글로 도움을 받았다는 감사 댓글도 심심찮게 달렸다. 나는 댓글을 볼 때마다 이전과 다르게 변호사로 일하는 것에 대한 자부심과 보람을 더 크게 느꼈다. 밥벌이를 위해 일을 하는 것이 아니라 사회적 약자를 위해 나의 지식과 글이 쓰인다는 생각을 하니 점점 더 내 일이 좋아지기 시작했다. 이런 마음은 자연스레 내 콘텐츠가 어디로 가야 할지를 알려 주었다.

성폭력 피해자를 위한 글을 쓰기 시작하다

블로그에 본격적으로 성폭력 피해자를 위한 글을 쓰고 나서부터 많은 분이 상담을 신청하고 응원을 보내주었다. 자연스레 사건 수임도 늘어났다. 그러면서 송무(訟務, 소송에 관한 여러 업무) 외 다양한 분야로 내 역할이 확대되는 경험도 하게되었다. 성폭력 예방에 대한 강의를 요청받기도 했고 성폭력 피해자를 조력하는 상담사들을 만나 정보를 주고받기도 했다. 이렇게 조금씩 찾아주는 분들이 생기면서 성폭력 외의 사건에 대한 문의도 생기고 사건 수임을 해주시는 의뢰인도 조금씩 늘어가기 시작했다. 그리고 개인적으로는 젠더(사회적 성으로 남성성, 여성성을 말한다)폭력에도 관심을 갖게 되었다.

젠더폭력은 불평등한 성 역할과 권력관계를 기반으로 사회적 약자에게 가해지는 폭력으로 성폭력, 가정폭력, 성희롱, 스토킹, 성매매 등을 일컫는다. 언제부터인가 사회 전반적으로 젠더 갈등과 폭력에 대한 관심이 높아지고 언론에 이슈화도 자주 되었다. 나는 젠더폭력이 왜 발생하는지, 왜 피해자의 다수는 여성인지 의문이 들기 시작했다. 그리고 고통받는 피해자들을 볼 때면 사후적인 처벌이 아니라 범죄 예방이 가능하도록 할 수는 없는 것인지, 예방을 위해 내가 할수 있는 일은 없는지가 고민되기 시작했다. (최근에는 젠더폭력에 대한 예방교육 전문강사 자격까지 취득했다.) 이처럼 성폭력 피해자를 조력하고 관련 공부를 계속 이어가다 보니 관심 영역은점점 확장되고 관계자들과의 교류도 활발하게 이어졌다.

"개인 브랜드에 타깃이란 … 눈에 보이지 않는 연결 고리다. 내가 연결되고 싶은 사람과 나에게 연결되고 싶은 사람들과의 유대다." "그들과 이룬 서클에 그럴듯한 이름이 부여되면 브랜드는 본격적으로 외연을 넓힐 수 있다. 먼저 나를제대로 만족시키고 그다음 한 명의 서클 멤버를 만족시키고 또 다른 한 명, 두 명, 세 명을 만족시키다 보면 서클의 반경은 무한히 넓어질 수 있다." 앞서 인용한 적 있는 책 『오늘부터 나는 브랜드가 되기로 했다』(김키미 지음)의 한 구절이다. 정말 이 책에서 말한 대로 나는 성폭력에서 젠더폭력으로 나의 외연이 넓어지는 것을 느낄 수 있었다. 그러면서 서서히 '성폭력(젠더폭력) 피해자를 위한 변호사'라는 나의 브랜딩도 시작되었다는 걸 알 수 있었다.

나만의 콘텐츠란 뭘까? 아무리 정보성 콘텐츠라 하더라도 지식만 얘기하지 않고 내 경험(사건에 대한 경험, 변호에 대한 경험)이 함께 버무려져 독특한 시선이 완성될 때 나만의 콘텐츠가 만들어진다. 처음에는 이런 글쓰기가 너무 나를 숨김 없이 드러내는 것이 아닌가 하는 걱정도 했다. 하지만 사람들은 그런 글을 더 좋아한다. 그래서 지금은 가급적이면 내가 변호를 맡은 사건이 아니라 하더라도, 관련 판례를 소개할 때 내 생각과 견해를 함께 담아내려고 노력한다. 이런 글이 진짜 나만의 콘텐츠라 부를 수 있다.

콘텐츠 크리에이터로 활동하고 있는 작가 서민규는 자신

의 책 『회사 말고 내 콘텐츠』에서 "콘텐츠 만들기는 남과 다른 특별한 소재가 있어야만 시작할 수 있는 게 아니라 나를 특별하게 바라보는 시선이 있을 때 시작된다"고 했다. 이를 빗대어 나는 나를 이렇게 말하고 싶다. "법률 분야 중에서도 성폭력, 다시 그중에서도 피해자의 아픔에 누구보다 공감하는 변호사이다. 나에게는 이들을 바라보는 특별한 시선이 있다. 여기에 나의 경험과 생각, 읽었던 책이 가미되면 나의 시선은 더욱 독특함을 띠게 된다. 누구도 흉내 낼 수 없는 나만의 콘텐츠가 된다."

12

어떤 곳에 쓰면 좋을까

잠시 이야기를 돌려 글쓰기를 본격적으로 해야겠다고 고민하던 시절로 다시 돌아가 보자. 글쓰기를 통해 나를 알리는 일을 해야겠다 생각하고 가장 먼저 한 고민은 어디에 써야 할지부터 결정하는 것이었다. 일단 여기저기 SNS 서비스에 계정부터 만들었다. 그리고 하나씩 살펴보다 나는 네이버 블로그를 이용하기로 마음먹었다. 네이버 블로그를 선택한 이유는 누구나 가장 익숙하고 많이들 보고 검색을 통한 노출 가능성도 높기 때문이다. 한마디로 바쁜 변호사가 가장 쉽게 접근할 수 있는 서비스였다. 그리고 글을 쓰는 사람들을 위한 포맷 등의 지원도 잘 되어 있어서 마치 칸만 잘 채워도 글쓰기가 될 것 같았다.

나에게 맞는 채널을 선택하다

"변호사님은 유튜브 안 하세요?" 내 블로그를 본 의뢰인들이 종종 하는 말이다. 요즘에는 포털 검색만큼이나 유튜브 검색도 많이 한다면서 의뢰인들은 내게 유튜브를 권하기도 한다. 솔직히 유튜브를 고민 안 한 건 아니다. 많은 사람이 이용하는 채널인 만큼 이곳에 터를 잡아야 나를 제대로 알릴 수 있지 않을까 생각을 하기도 했다. 그런데 그러려면 유튜브를 잘 알고 그곳의 영상들도 즐겨 봐야 하는데, 나는 개인적으로 유튜브를 즐겨보지 않았다. 나조차도 즐기지 않는 채널에서 내가 뭘 한다는 게 아무래도 맞지 않는 걸 한다는 생각이 들었다. 일단 내가 즐거워야 지속하는 힘이 생길 텐데 그런 점에서 보면 유튜브를 꾸준히 할 자신이 없었다. 블로그에 글을 쓰는 것으로도 힘에 부칠 때가 있는데 유튜브까지 생각하는 건 무리일 수밖에 없었다. 대신 나는 블로그 외에

추가로 글을 쓸 수 있는 다른 미디어로 확장을 고민했다. 그 결과 현재는 브런치, 페이스북, 인스타그램으로까지 글쓰기 반경을 넓혀가고 있다.

글쓰기가 나랑 가장 잘 맞긴 하지만 그렇다고 마냥 쉽다고 말할 순 없다. 그래서 조금씩 확장하면서 지속성을 유지하려고 한다. 요즘 대세인 미디어를 이용해 나를 효과적으로 알리는 것도 좋은 방법이겠지만 꾸준히 하지 못한다면 무슨 소용이겠는가. SNS 같은 미디어 속성이 다분한 서비스에서의 지속성은 신뢰와 바로 연결된다. 그래서 지치지 않을 정도의 수준과 간격으로 콘텐츠를 만들고 올리는 것이 중요하다.

블로그를 베이스캠프로 삼다

블로그 얘기를 좀 더 해보면, 네이버 블로그는 검색을 기반으로 하는 플랫폼이다. 사람들은 궁금한 게 있으면 초록창에 키워드를 넣고 검색부터 한다. 그러니 내 글이 읽히도록 하기 위해서는 검색 결과 페이지 상단에 노출되는 게 유리하다. 당연히 검색되는 글을 써야 하는데, 정확히 말하면 '검색되는 제목'을 써야 한다. 이 부분이 블로그 글을 쓸 때 가장 어려운 부분이다.

나는 블로그에 글을 올리며 제목을 정할 때 키워드마스터(whereispost.com/keyword)라는 프로그램의 도움을 받는다. 매번 글을 쓸 때마다 이곳에 들어가서 확인하는 것은 아니지만 많은 사람이 봤으면 하는 글일수록 핵심 키워드를 참고해서 글을 쓴다. 그러면 자연스럽게 내 글이 검색 상단으로 올라가고, 이런 식으로 글이 쌓이다 보면 글의 노출 빈도는 자연스럽게 올라간다.

하지만 여건상 매일 쓸 수는 없고 더구나 이혼, 성범죄 등의 특정 키워드는 광고성 블로거의 글들이 검색 상단을 꽉 잡고 있기 때문에 내 글이 위쪽으로 나오는 경우는 드물다. 따라서 내 경우 '이혼'이라는 키워드 대신 '이혼서류 제출방법'이라든가, '짧은 혼인 기간의 경우 재산분할방법'처럼 좀 더 구체화된 키워드를 잡고서 글을 쓴다. 실제로 성범죄 역시 '성범죄'나 '성폭력'이라는 단일 키워드보다는 가해자 입장에서 '고소장을 열람복사하는 방법'이라든가 피해자 입장에서의 '증인신문 대비하기' 등 개별 형사소송 절차마다 필요한 팁들을 구체적으로 제시하는 키워드를 활용한다. 실제 그렇게 했을 때 상위에 노출될 확률이 높았다. 특히 처음 블로그에 글을 쓴다면 이미 같은 내용의 포스팅이 많은 글보다는 틈새 키워드를 노려보면 좋겠다는 생각이다. 그리고 드라마나 영화와 접목해서 법률정보를 소개하면 노출에도 유리하고 글을 읽는 이들도 쉽고 재미있게 받아들인다. 이때도 포괄적인 제목보다는 세밀한 제목이 노출에는 더 낫다. 실제로 이혼에 관한 일반적인 절차를 평범하게 소개했던 글보다 드라마《부부의 세계》를 통해 설명했던 글이 조회 수도 더 많았고 반응도 훨씬 좋았다.

내 글을 보고 관심을 표해준 블로그 이웃들과 댓글로 소통하는 것도 블로그 운영의 또 다른 재미다. 법률정보가 적힌 글에는 질문 댓글도 달리고 상담 문의도 달린다. 그리고 비밀 댓글을 달 수도 있기 때문에 여러 가지 말 못할 고민을 안고 있는 분들이 남들에게 보이지 않으면서 자신의 이야기를 할 수 있다는 점에서도 좋다.

나만의 이야기를 하는 공간, 브런치

블로그에 꾸준히 글을 올리다 보니 차츰 에세이가 쓰고 싶어졌다. 정보성 콘텐츠가 아닌 내 이야기, 소송을 하면서 겪은 일이나 일에 대한 내 생각과 견해를 가볍게 이야기하고 싶었다. 블로그에 써도 상관없지만 블로그는 검색 기반이 강하다보니 내가 쓴 에세이가 사람들에게 자연스럽게 노출이 되고 읽히기는 어렵다고 생각했다. 이웃이나 구독 같은 구체적 연결고리가 아니고서는 전달이 어렵다. 이왕 쓰는 글인데 더 많은 사람이 봐주고 얻는 게 있으면 좋지 않을까? 나는 에세이 스타일에 맞는 편집이 가능하고, 에세이를 보려고 오는 사람들이 많은 서비스, 브런치(brunch.co.kr)에 글을 올려보기로 했다.

브런치를 써보신 분들은 아시겠지만 브런치는 블로그와 다르게 작가 신청이라는 절차를 거쳐야 한다. 글은 누구나 쓸 수 있지만(작가 신청이 받아들여지기 전에는 '서랍'이라는 곳에 보관) 작가 승인을 받지 못하면 내 글을 발행할 수 없고 노출도 안 되기 때문에 내가 쓴 글을 아무도 볼 수가 없다. 그러면 누구나 작가 신청을 하면 되지 않을까? 이렇게 생각할 수도 있는데, 작가 신청을 한다고 해서 곧바로 브런치 작가가 되는 것은 아니고 운영자가 진행하는 심사를 통과해야만 한다. 브런치 작가에 도전해본 분들은 알겠지만 다들 몇 번씩 도전하다 떨어지는 경험을 한다. 책을 이미 내본 경험이 있거나 글쓰기 실력이 고수가 아닌 이상 다들 몇 번씩 낙방의 고배를 마시기도 한다. 내 경우 총 세 번의 도전 끝에 브런치 작가 심사를 통과할 수 있었다.

네이버 검색을 해보면 '브런치 작가 되는 법'이라고 해서 어떻게 하면 탈락하고 어떻게 하면 붙을 수 있는지에 대한 경험자들의 노하우 같은 것들이 소개되는데, 내 경험으로는 작가 자신의 이야기를 진솔하게 펼쳐 놓는 것이 합격의 포인트 같다. 다른 좋은 책을 인용하거나 여기저기 글들을 가져와 적절히 섞는다고 해도 좋은 글로 인정해주지는 않고, 콘텐츠의 주제가 분명하고 희소가치가 있으며 직접 경험한 나만이 할 수 있는 이야기이어야 브런치에서 좋아한다.

그리고 이건 브런치의 한계 같기도 한데, 작가 심사를 받을 때의 글쓰기 톤이나 주제를 작가가 된 이후 바꾸어도 이를 특별히 문제로 삼지는 않는다. 이 말인즉슨, 작가로 '등업'이 된 이후에는 글이 짧든 길든, 인용 글이든 정보 나열이든 상관없이 글 발행이 가능하다는 것이다. 그러니 일단 작가 심사 통과가 가장 중요하고, 현재 나는 작가 심사받을 때와 약간 다르게 블로그에 썼던 정보성 콘텐츠도 브런치에 함께 올리고 있다. 구글 검색이 잘 된다는 걸 알고서부터는 네이버 블로그에 올렸던 글도 브런치에 다시 올리고 있다.

어쨌든 간에 브런치는 에세이 쓰기에 특화된 곳이고 에세이 쓰기를 즐겨 하는 분들이 다수 작가로 활동하는 곳이기도 하다. 나도 에세이는 블로그보다 브런치에 주로 쓴다. 브런치는 글 읽기에도 최적화된 디자인을 갖고 있어 마치 전문 필자가 쓴 것처럼 내 글이 발행되는 것을 볼 수 있다. 오로지 글로만 승부 본다는 점에서 상당히 아날로그적이면서도 매력적인 서비스다.

영국 프로축구 맨유의 전 감독 퍼거슨 경은 "SNS는 인생의 낭비"라는 말을 했다. 그러나 나는 SNS를 어떻게 활용하느냐에 따라 낭비가 아닌 기회를 만들 수 있다고 생각한다.

나를 알리기 위해 발로 뛰는 시대는 지나갔다. SNS를 잘 활용한다면 사람들을 직접 만나 명함을 돌리지 않아도 충분히 나를 알릴 수 있다. 나는 블로그와 브런치 외에도 페이스북과 인스타그램으로 좀 더 짧은 글과 내가 읽었던 책 그리고 소소한 일상의 모습을 사진으로 공유하고 단상을 적는다. 페이스북과 인스타그램은 기존의 내가 알고 있던 사람들과의 온라인 소통인 만큼 좀 더 스스럼없이 나를 노출할 수 있고 친구들의 근황 등을 실시간으로 업데이트 받을 수 있다. 일일이 전화하고 물어보지 않아도 SNS를 통해 어떻게 지내는지 소식을 전해 들을 수 있다.

블로그를 만들고 첫 글을 발행하던 순간이 아직도 기억난다. 엄청난 소심쟁이였어서 지인들의 응원이 아니었다면 나는 SNS 글쓰기를 계속 유지하지 못했을 것이다. 블로그 쓰기가 힘들 때마다 바스락(바인더 쓰기를 즐기는 사람들의 모임) 멤버들의 열정과 부지런함이 큰 동기부여가 되었다. 내가 유일하게 적극 활동했던 모임인데, 이곳 멤버들 중에는 상당한 수준으로 블로거나 브런치 작가로 활동하는 분들이 많았다. 이들이 온라인 이웃들과 소통하는 것을 보면서 많은 힘을 얻었다. SNS 글쓰기 역시 혼자 하는 글쓰기라기보다 같이 하는 소통의 글쓰기라 하겠다.

13

글감을 얻는 법

글을 쓰기 위해서는 글감이 필요하다. 글감은 툭 하고 튀어나오는 게 아니다. 그리고 설사 글감이 있다고 해서 다 쓸 수 있는 것도 아니다. 블로그 운영에 관심 있는 동료 변호사들은 내게 '무엇을' 쓸 것인지와 '어떻게' 쓸 것인지를 많이 물어본다. 나 역시 성폭력 피해자들을 위한 글을 쓰기로 마음먹기 전까지는 무엇을 써야 하나 고민이 참 많았다. 이번 글에서는 내가 글쓰기 소재를 어떻게 얻는지 내 경험을 말해보고자 한다. 동료 변호사나 블로그 글쓰기를 처음 시작하는 분들에게 도움이 되었으면 좋겠다.

글감은 주변에 있다

정보에 대한 목마름이 있는 사람은 당연히 의뢰인이다. 그래서 의뢰인을 일단 잘 관찰하는 것이 글감을 얻을 수 있는 가장 손쉬운 방법이다. 의뢰인들은 변호사에게 자신의 사건을 맡기긴 하지만 재판 절차나 관련 법리 등 향후 진행이 어떤 식으로 되는지 궁금하지 않을 수 없다. 하지만 변호사라는 직위에 눌려 자신이 선임했음에도 아무 말도 못하고 인터넷 검색만 잔뜩 하는 의뢰인들이 많다. 항상 바삐 움직이는 변호사를 보다 보니 재판 과정에서의 세세한 절차까지 물어보는 걸 부담스러워 하기도 한다.

나는 블로그에 올릴 '나만의 콘텐츠'를 고민하다 이 같은 사실을 떠올리고 이에 대한 답을 글로 적어 보기로 했다. 소송을 하면 얼마나 걸리는지, 변호사 비용은 얼마나 드는지, 이기고 지고에 따라 무엇이 바뀌고 어떤 의무 혹은 권리가 생기는지 그리고 누군가의 고소로 갑자기 경찰서에서 연락을 받고 조사를 받으러 가면 무엇을 어떻게 해야 하는지, 무엇을 조심해야 하고 무엇을 말해야 하는지 의뢰인들이 가장 많이 질문하고 궁금해하는 것부터 써 내려가기 시작했다. 이렇게 의뢰인 입장에서 생각하고 쓴 글은 어김없이 좋은 글감이 되고 실제로도 많은 조회 수를 기록했다.

내가 쓴 글 중 '어떤 변호사에게 내 사건을 맡길 것인가'라는 제목의 글이 있다. 이글은 우연히 맘카페에서 본 것이 계기가 되어서 쓴 글이다. 변호사를 선임했지만 사건이 끝날 때까지 변호사를 한 번도 만나보지 못했고 사건 결과도 알지 못했다고 누군가 올린 글이었다. 판결이 이미 났는데도 결과를 몰랐다는 말에서는 솔직히 충격을 받았다. 어떻게 자신이 선임한 변호사를 만나지 못할 수가 있지? 그리고 어떻게 본인도 모르게 사건이 끝날 수도 있지? 이해하기가 힘들었다. 그런데 자신도 변호사와 연락이 닿지 않아 힘들었다, 만나지 못했다는 내용의 이어지는 댓글을 보면서 이런 일이 실제로 많이 일어난다는 것을 알게 되었다. 나는 이 글을 보고서 변호사를 선임할 때 주의할 점 그리고 인터넷으로 자신의 사건을 검색해서 진행 여부를 알 수 있는 방법 등을 글로 써서 블로그에 올렸다. 이 글은 지금까지도 꾸준한 조회 수를 기록하며 많은 이들에게 도움을 주고 있다.

의뢰인들은 사건 결과에 대한 걱정뿐만이 아니라 사건이 앞으로 어떻게 진행될지 몰라 불안해한다. 우리가 살면서 송사를 겪을 일은 그다지 많지 않다 보니 관련 법이나 소송 절차가 생소한 것이 어쩌면 당연하다. 이런 불안함을 해소하고자 알만한 사람에게 질문하거나 그것도 마땅치 않다면 인터넷 검색을 한다. 이런 분들을 위한 정보를 글로 올려놓는다면 당연히 조회도 많이 될 것이고 글을 보는 분도 큰 도움을 얻을 수 있다. 그리고 자연스럽게 글에 대한 신뢰는 글을 쓴 변호사에 대한 신뢰로 연결된다.

나는 네이버 지식인의 질문도 종종 살펴본다. 거기에서도 좋은 글감을 찾을 수 있다. 한번은 다른 사람이 찍은 사진을 출처만 밝히고 블로그에 그냥 써도 되는지를 묻는 글을 봤다. 나도 블로그를 하고 있는 입장에서 이 부분은 한 번 정리해보면 좋겠다는 생각을 했다. 그렇게 해서 블로그 사진은 출처만 밝히면 저작권자의 허락이 없어도 괜찮은지에 대한 내용의 글을 썼고 이 글은 결국 사건 수임으로도 연결이 됐다. (잠시 설명하자면, 사진저작물을 사용하려면 저작권자의 허락을 받는 게 원칙이다. 출처를 밝혔더라도 저작권자의 허락이 없었다면 저작권 침해이다. 상업적 목적이 없었다면 괜찮은 것 아니냐고 하는데 그렇지 않다. 물론 저작권법에서는 저작권자의 허락이 없더라도 저작물을 사용할 수 있는 약간의 예외(인용 또는 공정이용)를 두고 있긴 하다.) 그리고 영화나 드라마, 책을 리뷰할 때 알아두면 좋은 저작권에 대한 상식을 소개하는 글 역시 연관된 주제로 반응이 꽤 좋았다.

사람들이 무엇을 궁금해하는지 몇 개의 글만 찾아봐도 법률 서비스라는 측면에서 어떤 것들을 궁금해하고 아쉬워하는지 쉽게 파악이 된다. 또 글을 쓰면 댓글로 추가적으로 궁금한 사항을 물어보는 이들이 있는데, 이 같은 댓글 질문 하나가 새로운 글로 연결되기도 한다. 드라마나 영화를 보다가 법이나 법조인과 관련된 내용이 나오면 이 역시도 좋은 글감이 된다. 대표적으로 드라마에서 자주 나오는 장면이지만 잘못 사용하고 있는 것이 피고와 피고인에 대한 내용이다. 원고와 피고는 민사소송에서 피고인은 형사소송에서의 용어인데, 드라마에서는 형사재판을 하는 장면을 보여주면서 피고인을 피고라고 칭하는 경우가 많다. 나는 쉬는 날 드라마를 보면서도 법률 분쟁이나 법정 장면이 등장하면 이런 부분을 참고했다 글감으로 활용한다.

글감 수집 관련해서 한 가지만 더 얘기하면, 사람들이 법률 서비스와 관련해서 무엇을 궁금해할까? 이런 역지사지의 생각이 습관이 되면 책을 보든 신문을 읽든 어떤 정보를 접할 때 자연스럽게 나만의 시선과 생각을 의식하게 된다. 이때부터는 '콘텐츠 소비'가 아니라 '콘텐츠 생산'의 통로로 책과 신문 같은 정보 매체를 활용하게 된다. 즉 이미 만들어진 지식을 내 관점에서 재가공하면서 나의 생각이 덧붙여지고 그러면서 새로운 지식으로 재탄생하는 것이다. 문화심리학자 김정운 작가는 자신의 책 『에디톨로지』에서 이를 '편집'이라고 칭했다. "세상의 모든 창조는 이미 존재하는 것들의 또 다른 편집이다" "창조는 편집이다" 이렇게 생각하면 글쓰기를 막연하게만 생각할 필요가 없다는 것을 알게 된다. 새로운 이론을 펼치는 논문을 쓰는 게 아니라 내가 알고 있는 정보 혹은 이미 누군가 말한 정보조차도 좀 더 쉽게 설명하고 편집한다고 생각하고 글쓰기에 임하면 마냥 새로운 걸 써내야 한다는 부담감도 조금 덜 수 있다. 기존의 법조문, 법리, 판례 등을 실무 경험을 바탕으로 내 나름대로 정리한다고 생각하는 것만으로도 좋은 글을 쓸 수 있다.

유명 소설가이자 에세이스트이기도 한 정여울 작가는 책 『끝까지 쓰는 용기』에서 창조성은 절실함과 관찰력의 하모니에서 나온다고 했다. 나는 이 말을 온전히 신뢰한다. 나는 신문을 볼 때도, 책을 읽을 때도, 판례를 대할 때도 내가 하고싶은 이야기가 없는지 관련해서 무엇을 쓸 수 있는지 끊임없이 생각하고 머릿속으로는 편집에 편집을 거듭한다.

무조건 쉽게 실질적으로 도움이 되게 써야

법률정보를 찾는 이들 대다수는 법에 대해서 문외한이다. 내 기준에서는 너무나 당연한 법률용어라도 처음 접하는 이들에게는 낯선 말일 수밖에 없다. 그래서 글을 쓸 때는 가급적 일상어를 사용하고 법률용어는 부연 설명을 하거나 괄호 안에 넣어서 처리하는 게 괜찮다. 그리고 꼭 필요한 내용이 아니면 과감히 삭제하는 것도 좋다. 굳이 어려운 법률용어를 써서 전문성을 드러낼 필요는 없다고 생각한다. 잘 읽혔으면 하는 마음은 상대방 입장에서 그들의 편이 되는 것과도 같다. 법률지식을 쌓고 최신 판례와 이슈를 챙기는 것도 사건을 의뢰하는 분들에게 원팀 One Team 의 모습을 보여주는 방법이다. 블로그 글쓰기를 어떻게 더 잘할 수 있을까 하는 고민도 의뢰인과 함께 원팀을 지향하는 것과 다르지 않다고 생각한다. 그래서 나는 글을 쓰고 나서는 남편에게 꼭 피드백을 부탁한다. 법과는 무관한 일을 하는 남편이 이해된다고 하면 안심하고 글을 발행하고, 보충 설명이 있으면 좋겠다고 의견을 주면 글을 다시 손본다. 매번 싫은 내색 없이 꼼꼼하게 봐주는 남편 덕분에 내 글 실력은 점점 더 고객 친화적이 되어간다.

가끔은 지금 당장 변호사를 선임하지 않으면 큰일이라도 날 것처럼 호도하는 글도 인터넷에서 보게 되는데 같은 변호사로서 눈살이 좀 찌푸려지기도 한다. 군이 변호사 없이도 해결할 수 있는 일이고 절차적인 도움만 주어도 충분한 일인데 마치 변호사만이 할 수 있는 일인 것처럼 설명한다면 글의 의도를 상업적으로밖에 볼 수 없다. 변호사 없이도 할 수 있는 일이라면 구체적으로 어떻게 해야 하는지 상세히 알려

줘야 한다. 물론 법리적인 검토가 필요한 사건이고 변호사의 조언이 필요하겠다 싶은 부분은 상담을 받아볼 것을 권하지만 반드시 변호사 선임만이 정답이라고 말하진 않는다.

글을 읽는 사람에게 도움이 되는 정보냐 아니냐로만 판단하고 집중하면 좋은 글을 쓸 수 있다. 오히려 이렇게 할 때 궁극적으로 광고나 홍보 효과를 얻을 수 있다. 그러니 너무 인터넷 뉴스 기사처럼 낚시성 제목을 가진 글을 써서 조회 수를 많이 유도하겠다는 생각은 버리는 게 낫다. 나 역시도 궁금한 내용이 있으면 초록창에 검색을 하는데 제목을 보고 클릭해서 들어갔더니 정작 필요한 내용이 없어 해당 글에 실망할 때도 많다. 수박 겉핥기식이 아닌 실질적으로 도움이 되는 정보가 있어야 좋은 글이 된다.

또한 글 속에 성공 사례를 소개하는 것도 필요하다. 승소했다는 결과만 보여주는 게 아니라 사건의 쟁점이 무엇이고 어떻게 사건을 해결했는지 그 과정을 알려주는 것이다. 사례화 하기 힘든 경우에는 아무래도 글로 풀어내기가 쉽지 않은데, 이런 경우 가급적 비유적으로 쓰되 사건의 핵심은 빼먹지 않도록 해야 한다. 한마디로 말해 어떤 사람들이 나를 찾아와야 하는지 내가 무엇을 어떻게 도와줄 수 있는지 알리는 것을 빼먹지 말아야 한다. 그래야 글의 목적과 의미가 분명해진다.

글을 쓰고자 하는 마음이 있다면 글감은 어렵지 않게 찾을 수 있다. 글감이 없어서 글을 쓰지 못하는 것은 아니다. 내 글을 필요로 하는 이들이 있다는 생각, 내가 힘들여 쓴 글에 누군가가 위로를 얻고 용기를 낸다는 생각이 좋은 글을 쓰게 한다.

14

나를 매력적으로 만들기

지금까지는 업무적인(퍼스널 브랜딩에 해당하는) 글을 블로그에 어떻게 써왔는지 얘기했다. 지금부터는 좀 더 '퍼스널'에 가까운 글쓰기에 대해 얘기하려고 한다. 개인적으로는 퍼스널 브랜딩에서 인간적인 매력도 빼놓을 수 없는 중요한 부분이라고 생각한다. 업무와는 조금 떨어진 일상 글이 법률정보 글 사이사이에 들어갈 때 블로그도 재미있는 공간이 되고, 글을 쓰고 있는 나 역시도 좀 더 인간적이고 매력적인 변호사가 될 수 있다. 물론 그걸 노리고 의도적으로 그렇게 하자는 건 아니지만 변호사도 한 인간이라는 걸 드러낼 때 사람들은 변호사를 어려워하지 않고 친근하게 느끼고 자신의 문제, 고민, 사건을 의뢰한다.

일상의 새로운 구성

점점 더 블로그 운영에 재미를 붙이고 의미를 찾아가기 시작하면서 나는 법률정보로만 블로그를 채우고 싶지 않았다. 내가 하는 일 이야기로만 블로그를 가득 채운다면 과연 재미있게 오랫동안 블로그 운영을 할 수 있을까 하는 생각이 들었다. 그리고 블로그 방문자들도 그냥 다른 변호사나 법률사무소의 블로그와 크게 다르지 않게 볼 거라 여겼다. 나 역시도 업무의 연장처럼 블로그를 운영한다면 쉽게 지칠 것 같았다. 나는 블로그에 글을 쓰는 일이 일상이자 취미가 됐으면 했다. 그래야 좀 더 퍼스널 브랜딩 측면에서도 도움이 되지 않을까 하는 생각이 들었다. 그러려면 글 쓰는 일 자체가 하나의 즐기는 일이 되어야 했다.

처음에는 법률정보가 아닌 일상 이야기를 쓰는 것이 변호사로서 전문성이 떨어져 보이지 않을까 하는 걱정을 했다.

그런데 생각해보면 답은 간단했다. "온종일 일만 하는 사람이 있을까? 나는 변호사로서의 정체성도 있지만 변호사이기 이전에 직장인이고 누군가의 아내이고 엄마이다." 일상을 공유할 때 나라는 사람 그 자체가 표현된다고 생각했다. 물론 블로그에 일상 글이 더 많아서는 안 된다. 전문직 블로거로서의 정체성은 유지해야 하니까 말이다. 하지만 앞서 얘기한 대로 친근하고 인간적인 매력을 보여줄 때 변호사로서의 나의 정체성도 더욱 뚜렷해질 수 있다고 생각했다.

처음에는 일상을 공유한다는 게 부담스러웠다. 하지만 내가 좋아하는 게 무엇인지 찾아보고 그걸 사람들과 나눈다고 생각하니 마음이 한결 가벼워졌다. 블로그에 처음 쓴 글은 지금 생각하면 참 오글거리지만 변호사로서의 사명(使命)에 대한 내용이었다. 뭔가 비장함을 담아 첫 글을 썼던 것 같다. 변호사법 제1조에는 변호사의 사명에 대해 규정하고 있다. 하지만 변호사인 내가 봐도 크게 와 닿지가 않았다. 그래서 일을 할 때 무슨 생각으로 하는지, 의뢰인을 대할 때 어떤 마음으로 대하려 하는지, 내 관점에서 변호사의 사명을 새로 써보았다. 그것이 나의 첫 글이었다.

이후로 법률정보 글 사이사이에 평소 읽은 책 중에서 좋은 책을 추천하는 글을 쓰기도 했고, 외부에 강의를 나가면 무슨 내용의 강의를 했는지 적기도 했다. 현재는 독서, 글쓰기, 시간관리 등의 자기계발 글과 독서 후기를 올리고 아이 키우는 엄마로의 소소한 일상을 담는 글도 쓰고 있다. '주간 문혜정'과 '독서노트'라는 이름으로 게시판을 만들고 그곳에 글을 올리고 있다. 그리고 브런치에는 변호사로 일하면서 느끼는 일에 대한 고민과 생각 등을 남긴다. 블로그가 좀 더 개인적인 일거수일투족에 대한 기록이라면 브런치에는 좀 더 깊은 사유의 글을 칼럼이나 에세이처럼 남긴다.

이렇게 일상 글들이 쌓이게 되면 자연스럽게 나만의 역사와 기록이 만들어진다. 단지 기록을 위해서라면 각자의 컴퓨터 폴더에 저장하고 나면 그만이지만 SNS에 일상을 공유한다는 것은 기록을 넘어서는 일이다. 나의 일상이지만 같은 생각을 하는 분들에게 응원을 받기도 하고 반대로 나와 다른 견해를 가진 분들과의 의견 교류를 통해서는 내 시각이 넓어지는 경험도 한다. 법률정보만 쓰면 정보가 필요한 사람은 찾아오겠지만 꾸준한 소통은 힘들다. 하지만 일상을 공유하고 내 생각을 남기는 것은 비슷한 가치관을 가진 사람들과의 교류를 의미하고 이 같은 교류는 자연스레 내가 이 일을 계속할 수 있도록 도와주는 응원의 역할을 해준다. 켜켜이 쌓은 기록을 보는 것도 뿌듯하지만 다른 사람들이 나의 일상을 응원해주고 함께 하고자 하는 마음에 더욱 용기를 얻게 된다. 그래서 일상 오픈이라는 것을 그저 관심을 받기 위한 행동이라고 만은 생각하지 않는다. 일상의 공유는 좀 더 솔직하게 나를 오픈하는 것을 통해 더 많은 이들에게 영감을 주고 나 역시 영감을 받고자 하는 것이라 할 수 있다.

'직장인 실전 글쓰기'라는 콘셉트의 책을 쓴 작가 정태일은 자신의 책 『회사에서 글을 씁니다』에서 영화 《패터슨》의 주인공 패터슨 얘기를 한다. "패터슨은 일상을 치열하게 관찰하는 데 익숙합니다. 글을 쓰려면 패터슨처럼 관찰자의 눈으로 모든 것을 낯설게 보고 기록해야 합니다. 겉모습이 똑같은 일란성 쌍둥이라고 해도 같은 사람이 아니듯, 어제와 오늘이 비슷해 보여도 365일 같은 날은 단 하루도 없습니다. 글을 쓰려면 아주 조금씩 바뀌는 삶의 풍경을 예민하게 알아채는 감수성 훈련이 필요합니다." 정말 맞는 얘기다. 일상을 쓰려면 새롭게 '발견'해야 한다. 내 삶을 전지적 작가 시점으로 바라보고 매일 똑같이 반복되는 일이라 하더라도 그 속에서 새로운 의미를 발견하고 찾아야 한다. 그러면 일상은 새롭게 구성된다. 단순히 글감을 발견한다는 의미를 넘어 '오늘도 잘 살았구나' '열심히 살았구나'하는 자기 위안과 격려도 가능해진다. 나는 이를 일상의 발견이며 일상을 이끌어 가는 힘이라고 생각한다. 어쩌면 주객이 전도된 것처럼 보일 수도 있겠지만 글을 쓰기 위해서라도 열심히 살아가게 된다.

업에 대한 생각과 가치를 전달

일상 글을 쓰면서 열심히 살아야겠다는 자기계발 동기만 얻는 것은 아니다. 때로는 수사나 재판 과정에 있었던 소소한 이야기, 느꼈던 심경, 하고 싶었으나 하지 못한 이야기 등 서면에 담기 힘든 것들을 블로그에 풀어놓게 되면 일에서 받았던 여러가지 스트레스도 풀 수 있다. 그렇다고 매번 푸념과 신세 한탄만 늘어놓지는 않는다. 글 속에 자아 성찰과 치열한 고민이 보일 때 사람들도 공감해준다.

글을 쓰다 보면 자연스레 글쓴이의 생각과 가치관이 묻어 나올 수밖에 없다. 내가 읽은 책을 소개하면서는 책에 대한 내 생각과 경험을 이야기하게 되고, 그게 변호사 일과 관련된 것이라면 자연스럽게 내가 왜 이 일을 하는지, 어떤 변호사가 되고 싶은지가 글 속에 투영된다. 이런 글들이 쌓이기 시작하면 돈 많이 벌고 싶은 변호사라는 욕구 대신 올바른 일을 하는 변호사라는 내 정체성이 더욱 뚜렷해지는 기분도 갖게 된다.

유명한 자기계발서인『위대한 나의 발견 강점혁명』(유명한 리서치 회사인 갤럽에서 1천 명을 대상으로 조사해 총 34개의 강점을 분류하고 이를 소개한 책이다)에서는 새로운 재능을 찾기 위해 시간과 노력을 허비하는 것이 효율적이지 않다고 말한다. 우리 모두에게는 타고난 재능이 있고 이 재능을 토대로 기술, 지식, 연습을 쌓아 올리면 그게 바로 강점이 된다고 했다. 즉, 약점을 보완하려고 애쓰는 대신 나의 강점을 더욱 발전시키는 데 노력을 투여하는 것이 더 낫다는 메시지를 담고 있다.

나는 이 책을 읽고, 책의 안내에 따라 나의 강점이 무엇인지 테스트를 해보았다. 강점 중 하나로 '화합'이 도출되었다. 나는 변호사로서의 나의 철학, 가치관 등을 다시금 되새겨보았다. 나는 소송을 주업으로 하는 변호사인데도 불구하고 분쟁을 싫어하고 싸워서 이긴다고 생각하지 않고 분쟁을 해결한다는 관점으로 사건에 접근한다. 그래서 의뢰인에게 가장 이익이 되는 방향이 무엇인지, 최선의 선택이 무엇인지를 고민한다. 바로 나의 강점 중 하나인 '화합'을 활용하는 문제 해결법이다. 그런데 나의 이런 성향을 모두가 환영하는 것은 아니다. 못마땅해하는 의뢰인도 있다. 보다 날카롭게 상대방을 대하길 바란다거나 무조건 이기는 걸 원하는 의뢰인도 있다. 그런 의뢰인을 만날 때면 힘이 든다. 수단 방법을 가리지 않고 이기는 게 목적이라면 나를 찾아오면 안 된다. 그래서 나는 소송에서 '화합'의 의미와 내 생각을 따로 글로 써서 올리기도 했다. 그리고 어떻게 소송에서 강력한 무기가 될 수 있는지도 썼다. 이후 실제 이 글을 보고 나를 찾아왔다는 의뢰인도 있었고 나의 이런 관점이 좋았다고 말하는 이들도 있었다. 이처럼 글은 생각과 가치관을 다듬는 일에도 좋은 영향을 준다.

사람들은 법률정보에 해박하다는 이유만으로 변호사를 찾지는 않는다. 어쩌면 문제(사건)해결의 관점이나 철학이 더 중요할 수 있다. 그래서 나는 글 속에 가급적이면 나의 생각과 철학을 녹여내려 한다. 그래야 나와 생각이 같고 결이 맞는 사람들이 사건을 의뢰할 것이고, 그런 사건을 맡아야 나도 진심으로 신나게 변호할 수 있다.

전문 분야의 글을 쓰게 되면 아무래도 객관적 사실에 대한 해석을 해야 하기 때문에 글 속에 내 생각을 담기 어렵지만 일상의 이야기는 그렇지 않다. 나는 나를 찾아오는 사람들이 자신의 이야기를 편하게 할 수 있었으면 한다. 그러기 위해서는 내가 먼저 다가가야 한다. 일상의 공유는 그런 점에서 내가 먼저 내미는 손과 같다. 변호사도 사람인지라 아무리 누가 나를 좋은 변호사라고 추천해줘도 의뢰인 입장에서 내가 끌리지 않는다면 아무 소용이 없다. 그러니 일상을 공유한다는 것은 인간적인 매력이 묻어나는 변호사가 되는 방법이며 나를 알리는 방법이다.

15

또 다른 기회를 만드는 글쓰기

사람들은 글쓰기를 권하는 내게 글을 쓰면 무엇이 좋은지 물어본다. 동료 변호사들은 글쓰기가 사건 수임으로 얼마나 연결되는지도 궁금해한다. 글 쓰는 일이 고되다고 말하면서 왜 멈추지 않는지 의아해하는 분들도 많다. 나는 왜 글쓰기를 놓지 않는 걸까. 시작은 업 때문이었다 하더라도 지금은 단순히 업을 위해 글을 쓴다고 말하기에는 부족하다. 왜냐면 글쓰기를 시작하고 생각지도 못한 일들이 많이 일어났기 때문이다. 글쓰기로 비롯된 새로운 연결을 이미 경험한 분들은 당연한 수순이라고 여길지 모르겠지만 나에게는 끊임없이 이어지는 기회가 신선함 그 자체였다.

PDF 전자책 쓰기

내 글을 읽고 도움이 많이 됐다는 이들의 댓글이 점점 늘어나면서 글쓰기에 대한 욕심도 점점 커져만 갔다. 내가 가진 지식과 경험을 더 많은 이들에게 글로써 알려주고 싶었다. 그리고 책도 쓰고 싶었다. 처음에는 변호사이니 법률 서적을 쓰면 되겠거니 생각했다. 그게 언제가 될지 구체적으로 무슨 이야기가 될지는 생각해보지 않았다. 그렇게 막연하게만 생각을 하다가 어느 날 성폭력 피해자들에게 필요한 절차를 일종의 순서처럼 보여주면 좋겠다는 생각을 하고 흩어져 있던 글들을 하나의 카테고리로 모아 순서를 잡아보았다. 묶어서 하나로 읽어보니 그럴듯해 보였다. 그리고 책으로도 가능하지 않을까 싶었다. 그런데 막상 종이책으로 낸다고 생각하니 조금 부족해 보였다. 때마침 나에게 브랜딩 컨설팅을 해주고 있던 비스타 김인숙 대표가 이런 조언을 해주었다. "변호사님, 굳이 종이책이어야 할 이유는 없어요. 요즘 PDF 전자책도 많이들 봐요"라면서 종이책 대신 전자책 출간을 권유했다. 그렇게 종이책이 아닌 전자책으로 눈을 돌렸다.

시중에는 두어 시간이면 쓴다고 하거나 하루면 된다고 하면서 책 쓰기가 금방 되는 것처럼 말하는 이들이 있다. 하지만 그건 사람들을 꾀기 위한 상업적 멘트일 뿐이고, 실제로 남들로부터 칭찬받을 정도의 좋은 콘텐츠가 나오려면 아무리 콤팩트하게 쓴다 하더라도 꽤 오랜 시간이 걸리고 상당한 정성이 들어갈 수밖에 없다. 전자책도 책인 만큼 만만하게 볼 일은 아니다. 실제로 전문 출판사의 도움 없이 혼자서 글을 쓰고 편집하는 과정은 쉬운 일이 아니었다. 몇 번의 시행착오를 거치며 썼다 고치기를 반복하면서 누구의 도움 없이 8개월 만에야 전체 글을 완성할 수 있었다. 쓰는 내내 이걸 계속해야 하나 말아야 하나, 끝까지 할 수 있을까 하는 고민도 많았지만 그때마다 써야 하는 이유를 생각했다. 그리고 글쓰기 막판에는 아예 펀딩 사이트(텀블벅)에 프로젝트를 공개하고 사람들에게 책을 알리기 시작했다. 스스로 더이상 물러설 수 없는 마감일을 둔 것이었다.

그렇게 해서라도 반드시 완성하고자 한 펀딩 프로젝트(변호사가 알려주는 성폭력 피해자를 위한 법률가이드)는 여러 사람으로부터 추천 등을 받으며 펀딩 목표 금액의 9배가 넘는 982%라는

성과를 이뤄냈다. 성과만 보면 많은 분들이 이 책을 보고 싶어
했다는 뜻으로도 해석이 가능했다. 실제로 펀딩이 끝난 이후
에도 책을 구하고 싶다는 문의를 여러 곳으로부터 받았다.

스스로 만드는 기회

기대 이상의 반응에 남편은 내게 종이책으로 써볼 것을
권했다. 종이책으로는 뭔가 부족한 것 같아 전자책 출간을
먼저 시도했는데, 종이책 출간에도 용기가 생기기 시작했다.
나는 인터넷 서점에서 법률 분야 책을 많이 내는 출판사도
확인해보고, 알고 지내던 출판사 대표로부터 전문 출판사 몇
곳을 추천받기도 했다. 나는 곧바로 출간기획서를 쓰고 총
스물한 곳의 출판사에 원고를 투고했다. 출간기획서에는 제
목, 저자 소개, 집필 의도 및 계획, 원고의 특장점, 타깃, 관심
도 및 홍보 방안을 간략하게 적었다. 그리고 무엇보다 기획
의도(성폭력 피해자를 위한 법률 가이드)가 중요하다고 생각해서
그 부분에 중점을 두고 출간 기획서를 썼다.

그러나 내 생각과 달리 많은 출판사에서 거절 메일을 보내왔다. 답이 없는 출판사도 많았다. 몇 번의 거절 메일로 의기소침해 있는 내게 남편은 한 곳만 연락이 오면 되는 거 아니냐며 위로를 해주었다. 당연한 그 말이 참 고마웠다. 여러 곳에서 제안을 받는다고 해서 모두 계약을 하는 것도 아니고 자랑할 거리도 아니었는데 말이다. 다행히 두 군데 출판사에서 긍정적인 연락을 받았고 가장 마지막으로 투고했던 출판사와 계약을 하게 되었다. 내가 너무나도 좋아하는 책인 『처벌 뒤에 남는 것들』이라는 책을 출간한 '오월의 봄'이라는 출판사였다.

법률 서적을 출간하고 싶었던 꿈이 현실이 되었다. 블로그에 법률정보의 글을 올리지 않았다면 그리고 PDF 전자책을 만들지 않았다면 아마 이런 기회를 얻지 못했을 것이다. 그리고 직접 출판사 문을 두드리지 않고 포기했다면 출간은 더 힘들었을지도 모른다. 글을 계속해서 썼기 때문에 결국에는 책 출판까지도 하게 되었다고 생각한다. (여기서 잠깐! 궁금해하는 독자가 있을 것 같아 미리 전후 사정을 밝히자면, 독자가 보고 있는 이 책의 경우 법률 서적 출간을 확정 짓기 이전에 블로그의 내 일상 글을 본 좋은습관연구소에서 연락이 와서 출간을 결정하게 된 책이다. 그러니 전자책 출간에 앞서 종이책 출간 기회를 먼저 얻은 것이 사실이지만 전문 법률 서적은 아니라서 이곳에서는 이책 출간 과정에 대해서는 따로 언급하지 않았다.)

나는 현재 글쓰기 공간을 더욱더 확장하고 있다. 다양한 미디어 플랫폼이 등장하면서 블로그, 브런치 등의 SNS 외에도 최근에는 마음이 맞는 변호사들과 함께 뉴스레터 발행도 시작했다. 아시다시피 뉴스레터는 요즘 트렌디한 커뮤니케이션 도구다. 기업이나 기관에서만 발행한다고 생각하던 것을 개인들이 개성을 담아 발행하기 시작했고, 다양한 성격의 뉴스레터가 생겨났다. 뉴스레터의 유행을 보면서 정기적으로 발송한다는 것에 처음에는 엄두가 나지 않았지만 혼자가 아니라 여럿이 함께한다는 것에 용기를 얻어 '로하우LAWHOW'라는 이름으로 뉴스레터 서비스를 시작했다. 현재 한 달에 두 번 구독자를 찾아가고 있다. 네 명의 변호사가 각자의 스타일로 자기 분야의 법률정보를 쉽게 알려주자는 것이 로하우의 발행 의도다. 앞으로는 뉴스레터에서도 편하게 일상 이야기를 조금씩 풀어놓으려고 한다.

블로그에 글을 쓰다 브런치에 손을 댔고 페이스북에도 글을 쓰고 출판사로부터 출간 제의도 받았다. 이후 블로그와 브런치에 쓴 글을 모아 PDF 전자책을 직접 만들고 이후 한 번 더 출간의 기회도 잡게 되었다. 그러니 나는 앞으로 종이책 기준으로 두 권의 책을 낼 수 있게 되었다. 이 모두 전혀 예상치 못한 일이었다. 나는 글쓰기를 좋아했고, 내가 좋아하는 글쓰기를 한 것뿐이었다. 내가 글을 잘 써서 일어난 일은 결코 아니라고 생각한다. 단지 내가 쓴 글이 온라인을 돌아다니다 누군가의 주목을 받았기 때문에 연쇄반응처럼 수많은 기회가 왔을 뿐이다.

글쓰기를 하고 나서 나의 본업인 변호사로서 사건 수임이 엄청나게 늘었거나 내 생활이 몰라보게 변했다거나 하는 것은 없다. 하지만 글을 쓰지 않았다면 블로그를 통한 사건 수임은 아예 그 자체로 없었을 것이고 책을 출간하거나 강의 기회를 얻는 일도 없었을 것이다. 내 안에 어떤 능력이 있는지는 무언가 해보지 않고서는 알 수 없다. 수영에 재능이 있다는 걸 발견하려면 물에 발이라도 담가봐야 된다. 아무것도 해보지 않고서 저절로 무언가가 되어 있기를 바라서는 안 된다.

3부

글쓰기의 힘을 키워주는
다섯 가지 습관

16

독서가 넘쳐야 글쓰기로 넘어간다

나는 읽는 것을 좋아한다. 지금도 영상보다는 글이 편하다. 궁금한 것이 있거나 재미를 위해서도 아직은 책을 찾아 해결한다. 본격적으로 책을 열심히 읽었던 때는 사법시험을 준비하면서부터였다. 하루 열 시간 넘게 공부를 하고 딱 한 시간 정도의 휴식 시간에 내가 할 수 있었던 일은 책을 읽는 것이었다. 주말에 반나절 정도 휴식을 취할 때도 어김없이 책을 들었다. 주로 읽은 책은 자기계발 서적과 해리포터 같은 소설이었다. 이때부터 본격적으로 독서 노트를 쓰고 도서 목록을 작성하면서 책을 읽었다. 손글씨를 좋아하는 내게 노트를 쓰고 목록을 작성하는 일은 일종의 놀이였다. 종일 독서실 책상에 앉아서 공부하고 잠들기 전에 만화책을 읽었던 기억은 그때를 추억하는 향수로 지금도 남아있다.

변호사가 된 이후로는 좋은 변호사가 되기 위해 그리고 업무 스트레스를 덜기 위한 재미로 책을 읽었다. 아시다시피 변호사는 끊임없이 공부해야 한다. 비슷한 사건은 있지만 똑같은 사건은 없기 때문이다. 사법연수원에서 실무를 공부하고 실습도 해보았지만 변호사가 되어 실제 사건을 맡아보니 모든 게 다 새로웠다. 사건마다 최선을 다해 공부할 수밖에 없었고 그것이 실력을 쌓는 유일한 길이었다. 책은 나에게 실력을 쌓는 도구가 되기도 했지만 사건 해결을 위해 자연스럽게 따라오는 스트레스 해결에도 좋은 도구였다.

요즘 기준으로는 다소 구태의연하다고 볼 수도 있겠지만 책만큼 엄선된 지식을 빨리 습득할 수 있는 도구는 없다고 생각한다. 인터넷은 워낙 정보가 다양하고 많다는 점에서 좋기는 하지만 제대로 된 정보를 취사선택해야 한다는 어려움이 있다. 반면 책은 큰 흐름을 잡고 체계적으로 이를 살펴보기에 적합하다. 그래서 나는 늘 공신력 있는 저자가 쓴 책을 먼저 읽고 나중에 인터넷을 통해 정보를 얻는 방식으로 공부

했다. 인터넷이 최신 정보를 얻기에 제격이라면 책은 정보의 길잡이가 되는 역할을 한다.

사실 성폭력이나 이혼 문제를 다루는 변호사로 전문성을 만들기 시작할 때 나는 아는 게 별로 없었다. 의뢰인을 위해 무엇을 어떻게 도와주어야 할지 정보가 부족했다. 나는 판례와 전문가들이 쓴 책을 찾아 읽고, 법무부나 여성가족부에서 발간한 자료도 찾아봤다. 사건을 해결하는 데 필요한 지식을 배우기 위해서도 책을 읽었지만 어떻게 하면 정제된 단어와 표현으로 서면을 쓸 수 있을까도 늘 생각했다. 그리고 재판은 판사를 설득하는 과정이라고도 볼 수 있는데, 판사의 입장을 이해하고자 『지금부터 재판을 시작하겠습니다』(정재민 지음) 『어떤 양형 이유』(박주영 지음) 등 판사들이 쓴 책도 함께 읽었다. 이런저런 책을 읽다 보니 나중에는 효율적인 책 읽기 방법이 궁금해 독서법에 관한 책도 읽게 되었다.

독서를 많이 하다 보면 자연스레 글쓰기를 해보고 싶다는 생각을 하게 된다. 나도 크게 다르지 않았다. 처음에는 독서를 하고 메모를 하는 것으로 글쓰기를 시작했다가 지금은 블로그에 독서 노트를 작성하는 수준에까지 이르고 있다. 이는 결국 변호사로서 서면을 더 잘 쓰기 위한 글쓰기로 이어졌고 나아가 의뢰인을 만나고 나를 알리는 블로그 글쓰기로 이어졌다.

지금부터는 글쓰기의 동기가 되었던 나의 독서 습관을 말해보고자 한다. 충분한 독서가 아니었다면 나는 글쓰기를 생각하지 못했을 것이다. 그래서 나의 글쓰기 습관 중 첫 번째는 독서다.

책 읽기 습관

한때 책을 사서 읽어야 할지, 빌려서 읽어야 할지 고민했던 적이 있다. 남들은 어떻게 하나 궁금해서 주변 사람들에게 물어보기도 했다. 정답은 없었다. 결국은 선택의 문제였다.

나는 한 달에 한두 번 정도 책을 산다. 평소에 읽고 싶거나 관심 가는 주제의 책은 인터넷 서점의 보관함에 넣어두었다가 주제별로 한꺼번에 주문한다. 물론 너무 읽고 싶고 필요한 책은 바로 주문하기도 한다. 그래서인지 책장에는 읽지 않은 책, 앞으로 읽어야 할 책이 훨씬 많다. 책을 좋아하는 분들이라면 누구나 공감할 것 같다. 《알쓸신잡》이라는 프로그램에서 김영하 작가가 한 말이 있는데, 책은 사서 읽는 게 아니라 사 둔 책 중에서 골라 읽는 거라고 했다. 이 말을 듣는 순간 어찌도 이렇게 딱 나를 두고서 하는 말인가 싶은 생각을 했다. 책값이 부담되기도 하고 기껏 구매했는데 책 내용은 탐탁지 않을 때는 실망을 하기도 하지만, 그래도 보석 같은 책을 발견하면 반대로 뿌듯하기도 하다. 빌려서 읽는 것보다는 책을 사서 철저히 내 것으로 만드는 것이 나에 대한 투자라는 생각에 가급적 사서 읽으려고 한다. 특히 전자도서관에서 책을 빌려 보기도 하지만 빌려서 읽은 책 중에서 소장해서 계속 보고 싶은 책은 구입하기도 하고, 반대로 구매한 책 중 한번 보고 말 책은 중고 서점에 판매하거나 책 나눔을 하기도 한다.

책을 많이 읽다 보니, 이제는 계속 볼 책과 한번 보고 말 책이 어느정도 구분이 된다. 본격적으로 책을 읽기 전에 표지와 목차를 보고 한 챕터 정도를 읽으면 대충 느낌이 오는데, 정말 아니다 싶은 책은 더이상 읽지 않고 책을 덮어둔다.

내 돈 주고 산 책인데 아깝다는 생각이 안 드는 것은 아니지만 더 시간을 투자해봐야 낭비밖에 되지 않을 거라는 판단 때문이다. 물론 그 책이 아주 나쁘다거나 문제가 있다거나 하는 것은 아니다. 단지 나와 맞지 않는 책이라 덮는 것이다. 나에게는 별로였지만 또 다른 누군가에게는 인생책이 될 수도 있다. 그러니 책을 시작하고 포기하는 것을 너무 아까워하거나 고민할 필요는 없다.

책을 많이 읽기 위해서는 일단 시간을 만들어야 한다. 내 경우 책을 읽을 목적으로 일부러 지하철을 이용하기도 한다. 책을 많이 읽는 한 지인 분은 운전하면서 오디오북을 많이 이용한다고 했다. 이 경우 보고 싶은 책이 오디오북으로 만들어져 있어야 한다는 문제가 있는데, 요즘은 TTS(Text-to-Speech, 음성 합성) 기능이 잘 되어 있어 꼭 성우가 녹음한 오디오북이 아니더라도 전자책을 오디오북처럼 들을 수 있다.

나는 실용적 정보를 얻기 위한 독서이거나 공부를 위한 독서인 경우 책상에 바른 자세로 앉은 다음 삼색 펜과 형광펜을 들고 읽는다. 고시 공부 경험 때문인지 나는 책상에 앉아서 공부하듯 책을 읽을 때 집중이 더 잘되는 편이다. 그리고 한 권만 집중해서 보기보다 때와 장소에 따라 여러 권의 책을 동시에 보는 방식의 독서를 한다. 어딘가로 이동을 할 때나 잠들기 전에는 에세이나 소설을 즐겨 읽는데 그러다 보니 일할 때 보는 책, 가볍게 리프레시 하기 위해 보는 책 등 여러 권을 동시에 보는 나만의 스타일이 만들어졌다. 어쩌면 책 욕심 때문에 만들어진 습관일지도 모르겠다.

책을 읽을 때에는 띠지부터 앞표지, 뒷표지, 목차까지 다 읽고 나서 본격적으로 본문을 읽는다. 목차를 보면서는 책의 핵심이 되는 부분을 먼저 읽고 이 책을 계속 읽어야 할지 말아야 할지를 결정한다. 책의 내용에 따라서는 읽는 속도도 달리한다. 자기계발서 중 저자의 경험담을 위주로 쓴 책은 동기부여의 측면으로 접근해서 빠르게 읽고, 정보성이 많은 책은 꼼꼼하게 공부하듯 정독을 한다. 발췌독은 성격상 하기 힘들어서 웬만하면 처음부터 끝까지 읽는다. 그게 아니면 아예 읽기를 포기한다. 대신 강약을 조절해서 빨리 읽을 곳, 정독해서 읽을 곳 등을 구분해서 읽는다. 이미 알고 있는 주제나 내용, 부연 설명 같은 경우에는 훑어보는 정도로만 보고 내가 궁금해하는 부분은 문장 하나하나 허투루 보지 않고 꼼꼼히 읽는다.

전문 분야나 깊이 있게 알고 싶은 분야의 책은 대표서(주교재)를 정해서 책을 읽고 이를 단권화 한다. 단권화 한다는 뜻은 주교재가 아닌 다른 책의 내용을 주교재에 메모하듯 보충을 해두고서 해당 주제에 대한 나만의 메인 책을 만드는 방법이다. 이 방법은 여러 권의 책을 반복적으로 읽어야 하는 수험생들이 많이 쓰는 방법이다. 예를 들어 A라는 책을 읽은 후 같은 주제를 다룬 B책을 추가로 읽고, B책의 중요 판례 등을 A책에 같이 메모해두는 방식이다. 이러면 나중에 A책만 봐도 다른 책의 중요부분까지 함께 확인하는 효과를 얻을 수 있다.

예전에는 책을 정말 깨끗하게 봤다. 행여 손때라도 묻을까 조심스럽게 책장을 넘기기도 했다. 책을 읽다가 맘에 드는 구절이 있으면 포스트잇을 붙여놨다 독서 노트에 필사를 하기도 했다. 그런데 이러다 보니 시간이 너무 많이 걸리고 효율적이지도 않았다. 그래서 요즘은 그냥 책에다가 바로 밑줄도 긋고 메모도 한다. 나는 밑줄 치고 메모하면서 책을 읽을 때 이해도 더 잘 되고 더 잘 읽는 편이다. 그리고 책에만 메모하는 것으로 그치지 않고 따로 독서 노트를 작성하는 책들도 있다. 자기계발이나 업무와 관련된 책들을 읽을 때 주로 이렇게 하는데, 내용을 요약하거나 내 생각을 적는 메모를 노트에 남긴다. 나중에 특정 분야의 책을 몰아서 한 번에 재정리할 때 잊었던 것을 다시 환기하는 장점이 있다. 그렇지만 시간이 오래 걸린다는 점은 부정할 수 없다.

독서 후 실천 활동

독서 노트와 별도로 책을 다 읽고 나면 반드시 제목, 저자, 출판사, 독서 기간, 분야를 적은 목록을 작성한다. 목록을 작성하는 이유는 무슨 책을 얼마나 읽었는지 나중에 확인하기 위한 용도이기도 하고 목록을 보면서 한 분야로만 치우치는 독서를 하지 않으려는 것도 있다. 그리고 아직 읽지 않았지만 읽어야겠다고 생각하는 책은 제목과 저자, 추천인 정도만 적은 추천 목록을 따로 관리한다. 여기에는 서점을 방문했을 때 눈에 띄는 책, 신문을 읽다 접하는 책, 책을 읽다가 저자가 추천하는 책, 인용된 다른 책, 관심 분야를 잘 아는 지인에게 추천받은 책 등도 적어 둔다. 그런데 처음에는 이 목록을 따로 문서화 했다가 이것도 또 다른 일이 되는 것 같아 요즘은 다이널리스트Dynalist라는 앱에 적어두거나 인터넷 서점의 보관함을 활용한다.

『인생의 차이를 만드는 독서법, 본깨적』에서 박상배 작가는 'One Book, One Message, One Action'이라고 하면서 아무리 좋은 내용의 책을 많이 읽었다 하더라도 그 중 하나의 메시지를 선정하고 그것을 실행하는 것에 집중해야 한다고 했다. 맞는 얘기다. 이것저것 욕심 낼 것이 아니라 딱 하나에만 집중하는 것이 중요하다. 하지만 실천으로 옮긴다는 것은 말처럼 쉬운 일이 아니다. 한때 다독에 대한 독서 의욕이 충만했을 때에는 한 권의 책을 다 읽고 책의 메시지를 행동으로 옮기는 것을 생각해보기도 전에 다음 책을 읽기 바빴던 적도 있다. 하지만 결과적으로 남는 것도 없고 이도 저도 아닌 권 수만 채우는 독서가 되기도 했다. 그래서 요즘은 단 한 권을 읽더라도 독서 이후 이어서 해야 할 행동이 무엇인지 생각하고 바로 옮겨보는 시도를 꼭 한다.

한 때는 얼마나 많이 읽었는지 양적인 목표에 급급했던

적도 있다. 하지만 그것도 한때다. 독서가들이 쓴 책을 보면 그들도 다독에 욕심을 내던 시절이 있었고, 그 이후 책을 보는 안목을 키웠고, 책을 읽는 행위와 읽은 뒤의 행위를 연결하는 것에 대해 고민하면서 다독만이 능사가 아니란 걸 깨달았다고 말하는 장면이 나온다. 어쩌면 나도 그 과정을 좇고 있는 것이 아닌가 싶다. 독서법도 여러 가지가 있겠지만 결국에는 각자의 방식으로 편하게 즐기면서 읽는 것이 최고의 독서법이다. 의무감에 따른 독서는 책값으로 돈만 쓰게 하고 글자만 읽을 뿐인 독서가 된다. 지치지 않고 즐길 때 진짜 독서가 되고 내 글을 쓰고 싶은 욕심으로도 이어진다.

　나는 현재 블로그에 법률 분야의 글을 쓰며 정보성 콘텐츠를 제공하고 있다. 매 사건이 공부인 것처럼 새로운 분야의 사건을 맡으면 관련 주제의 책을 읽고, 여러 가지 취합된 정보나 감상들을 블로그에 올린다. 법을 어려워하는 분들이 봤을 때 실질적인 도움이 될 수 있도록 글을 쓰려고 한다. 그리고 요즘은 변호사로 일하면서 내가 느끼는 일에 대한 고민과 내가 중요하게 생각하는 가치나 철학에 대한 글도 종종 쓴다. 이 모두 책을 통해 비롯된 행위라 할 수 있다.

책은 생각이라는 걸 하게 만든다. 책을 읽고 머릿속에서 경쟁하듯 흘러 넘치는 생각을 모으면 글이 된다. 요즘은 독서의 끝은 작가가 아닐까, 하는 생각도 한다. 책을 읽기만 했던 내가 어느 순간부터 블로그를 운영하고 글을 쓰기 시작한 걸 보면 독서 습관은 결국 글쓰기 습관으로 연결되는 것 같다. 남이 쓴 글을 읽고 남을 위한 서면 쓰기를 하던 내가 지금은 내 목소리를 내고 내 생각을 글로 쓰고 있다. 독서가 글쓰기로 연결되는 경험을 한 이후 내 삶은 더욱 풍성해지고 있다.

17

글쓰기의 영감을 주는 신문 읽기

핸드폰으로 뉴스 기사를 읽지 않는 사람은 없을 것이다. 인터넷 포털(검색) 앱만 열어도 수많은 기사가 클릭을 바라고 있다. 그런데 그중에는 정말 낚시라고 밖에 표현이 안 되는 자극적인 제목의 기사도 꽤 있다. 뻔한 연예인 가십 같은 기사라는 걸 알면서도 관음증 같은 호기심은 결국 기사를 눌러 보게 한다. 그러면서 클릭에 클릭을 거듭하다 원래 내가 무엇 때문에 여기에 왔지 하는 생각이 들 정도로 엉뚱한 곳으로 나를 끌고 가버린다. 이는 인터넷이 아닌 텔레비전 뉴스를 볼 때도 마찬가지다. 뉴스만 봐야지 하다가도 채널을 돌리다 보면 어느덧 드라마나 예능을 보고 있다.

아마도 이 같은 경험은 나만 겪는 문제도 아닐 것 같다. 나는 여러 번의 경험 끝에 이래서는 안 되겠다 싶어 인터넷이나 텔레비전 대신 종이 신문으로 뉴스 보기를 선택했다. 영상보다 글이 편하기도 하고 신문을 보면 아무래도 다른 곳으로 빠지는 일은 일어나지 않기 때문이다.

내가 신문을 읽는다고 하면 사람들은 이렇게 묻는다. 이미 인터넷에 다 있는 기사인데 굳이 신문을 따로 볼 필요가 있나요? 나 또한 신문을 읽기 전에는 그런 생각을 했다. 하지만 인터넷은 인기 뉴스나 자극적인 제목의 뉴스가 계속해서 시선을 자극하기 때문에 그것을 따라가다 보면 결국에는 균질하게 기사를 읽는 데에는 방해를 받게 된다. 종이 신문이 완벽한 것은 아니지만, 편식하지 않고 균형감 있게 뉴스를 보기에는 아직 신문만 한 게 없다는 게 내 생각이다. 그리고 옛날 사람 같다고 웃는 이들도 있겠지만 신문지의 질감을 느끼며 한 장 한 장 넘기며 보는 재미가 아직은 쏠쏠하다.

종이 신문 읽기

나는 판례와 법조계의 동향 등을 알기 위해 법률신문을 따로 구독해서 읽는다. 법률신문을 통해서는 최신 판례와 법률 뉴스를 빠르게 접할 수 있고 여러 가지 이슈에 대한 생각이나 입장 정리를 도와준다. 법률신문은 매주 월요일과 목요일 이렇게 두 차례 발행되는데, 아무래도 매일 나오는 일간지에 비하면 매일 봐야 한다는 부담이 좀 적은 편이다.

종이 신문을 본다 해서 인터넷 기사를 전혀 안 보는 건 아니다. 그래도 이전보다는 인터넷 기사를 접하는 횟수는 확연히 줄었다. 최근에는 뉴스레터식의 구독 서비스도 많이 이용하고 있다. 즐겨보는 서비스는 뉴닉이다. 뉴닉이 좋은 이유는 기사 안의 쟁점이 되는 사안 등을 알기 쉽게 정리해서 전달해준다는 점 때문이다.

이렇게 나는 종이 신문, 법률신문, 인터넷 기사, 메일링 서비스 등을 통해 다양한 방식으로 뉴스를 습득하고 있다. 내가 얘기한 매체 말고도 뉴스를 전달해주는 미디어는 점점 많아지고 다양해지고 있다. 뉴스 초급자를 위한 매체부터 고급자를 위한 전문 매체까지 정말 다양하다. 이것들을 다 소화하면 좋겠지만 내가 세상에서 일어나는 모든 일을 다 알 수는 없는 것처럼(알아야 할 이유도 없고) 내가 감당할 수 있는 만큼의 정보를 받아들이고, 이를 잘 활용하는 게 중요하다.

아이를 낳기 전에는 매일 아침 커피 한 잔을 하면서 신문 읽기를 했다. 그게 하루를 시작하는 루틴이었다. 하지만 아이를 낳고 육아를 하고서부터는 신문 읽기로 아침을 시작하지 못할 때가 많다. 잠깐 짬이 나면 오전 시간에 신문을 챙겨 보기도 하고 저녁에 하루를 마무리하면서 신문을 읽을 때도 있다. 급할 때는 표제만 보고서 읽어야 할 기사만 스크랩하기도 한다. 어떤 기사를 눈으로만 읽을지 아니면 스크랩까지 해둘지, 표제만 보고 넘어갈지, 꼼꼼하게 읽을지 판단하기에도 종이 신문이 최적의 UI를 갖고 있다. 그리고 신문 한 귀퉁이의 짤막한 기사라도 나에게는 가치 있는 기사일 수 있는데, 이런 걸 발견하기에도 인터넷 뉴스보다는 종이 신문이 유리하다.

신문 보는데 드는 시간은 30분 정도면 된다. 나는 가급적한 시간은 넘기지 않으려고 노력한다. 정치나 경제보다는 사회 면과 오피니언 면을 주로 보는데 정치 흐름이나 경제 현상을 살피는 목적보다는 어떤 일이 일어나고 있는지 무슨 사건이 이슈가 되는지 파악하고, 이를 저명인사들은 어떤 시각으로 해석하는지를 관심 있게 본다. 특히 오피니언은 각 분야의 지식인들이 자유롭게 자기 생각을 펼치는 글이라 빼놓지 않고 읽는다. 오피니언의 칼럼과 사설을 읽다 보면 다양한 생각과 의견을 배우게 된다. 어떤 주제에 대해서는 새로운 지식을 얻기도 하고 그동안 가지지 못했던 관점으로 해당 문제를 생각해보기도 한다. 일반 기사는 어떤 일이 일어났는지 사건 자체를 단편적으로만 보여주는 측면이 강하다. 왜 이런 일이 일어나게 되었는지 배경 설명이 부족할 때가 많다. 하지만 칼럼은 글쓴이의 주장과 근거가 들어가고, 이를 통해 사건의 맥락을 훨씬 잘 이해하게 도와준다.

그리고 예전에 비하면 소개하는 면이 많이 줄긴 했지만 금요일이나 토요일에 나오는 북Book섹션도 즐겨 본다. 이때 읽고 싶은 책을 새롭게 발견하기도 한다. 그리고 관심 있는 분야의 기획 기사도 꼭 챙겨보려 한다. 연재형 기획 기사는 신문사에서 취재부터 작성까지 심혈을 기울여 준비하는 경우가 대다수인데 평소 다루기 어려운 주제를 깊이 있게 다룬 다는 장점이 있다. 개인적으로 꼭 빼놓지 않고 보는 연재 기사가 있는데, 조선일보의 〈김지수의 인터스텔라〉 시리즈이다. 이 기사는 유명 인사들을 인터뷰한 내용을 담고 있어 나말고도 많은 분들이 찾아 읽는다. 세계 석학부터 비즈니스 CEO들까지 유명 인사들이 말하는 삶의 지혜와 통찰을 엿볼 수 있어서 좋다. 공부든 일이든 아니면 삶에서든 어떤 동기 부여 같은 마음을 만들어 준다는 점에서 즐겨 읽는다.

글쓰기의 영감을 주는 신문 읽기

나는 신문을 읽으면서 글쓰기의 영감도 많이 얻는 편이다. 내가 주로 보는 사회나 오피니언 기사들은 글쓰기의 좋은 재료가 된다. 꼼꼼하게 보다 보면 여러 생각을 하게 되고 거기에서 내 생각이 덧붙여진다. 기사를 보면서 쓰고 싶은 주제를 발견하고 이 주제에 대해 법리적으로 어떤 것들을 알아 두면 좋은지도 떠올린다. 영감을 주는 기사들은 발견하는 즉시 따로 스크랩을 해둔다. 예를 들어 '구하라 법'에 대한 기사를 보고는 '상속 순위'와 '상속 결격'이라는 것을 설명하고, 어떤 관점에서 문제가 되고 있는지 해결할 수 있는 다른 방법은 없는지 고민하는 글을 블로그에 쓰기도 했다.

이렇다 보니 신문을 눈으로만 보지 않고 어떻게 활용할지를 항상 염두에 두고 읽는다. 언제든 스크랩할 준비를 하고 스크랩하고 싶은 기사가 나오면 가위로 기사를 오려 스케치북에 붙이고 날짜를 적는다. 다시 한번 쭉 읽으면서 밑줄도 긋고 여백에는 기사에 대한 내 생각, 더 공부해야 할 것, 글을 쓴다면 어떤 방향으로 쓸 것인지 짤막한 메모도 해둔다. 인터넷 기사 역시 스크랩을 하는데 파일명을 기사 제목, 출처, 날짜로 하고 PDF 파일로 저장해두기도 한다. 좀 더 자세히 보고 나중에 글쓰기로 활용할 만한 기사는 따로 프린트해서 20공 바인더에 철해 두기도 한다. 마찬가지로 밑줄을 긋고 메모도 해둔다. 최첨단 시대에 올드한 방식이라 웃을 분들도 있겠지만 나는 아직도 이런 방식이 익숙하고 좋다.

그리고 신문을 볼 때 중요하게 생각할 한가지는 법정에서의 판결이 모든 진실을 대변하는 것이 아닌 것처럼 기자가 쓴 기사가 현실 세상을 있는 그대로 반영하지는 않는다는 것이다. 이 역시도 누구나 알고 있는 사실이지만 일상 속에서 이를 의식하지 못하고 놓칠 때가 있다. 우리가 신문을 통해 만나는 세상은 결국 신문사에 의해 편집된 세상이라고 봐야 한다. 그래서 신문사의 편집된 기사를 분별할 수 있는 안목이 중요하다. 아직은 내가 그 정도의 혜안을 갖고 있는지는 모르겠지만 꾸준히 신문 읽기를 하다 보면 세상을 바라보는 나만의 기준이 서지 않을까 생각해 본다.

신문 읽기가 익숙해지면 신문만큼 재미있는 읽을거리도 없다. 소설가인 베르나르 베르베르는 이렇게 말했다. "내 상상력의 대부분은 신문에서 온다고 해도 과언이 아니다. 신문에는 세상 이야기, 사람 이야기, 경영 이야기, 문학 이야기 등 모든 게 담겨 있다." 정보의 양은 폭발적으로 늘었고 누구나 손쉽게 정보를 얻을 수 있는 세상이다. 반드시 신문을 통해서만 정보를 얻고 소비하지는 않는다. 대신 내 것으로 만드는 것이 중요하다. 누구나 정보를 취할 수 있는 세상에서 무슨 생각을 하는지가 더 중요하다. 나는 정보의 소비자가 아닌 정보의 생산자가 되고 싶다. 이것이 내가 인터넷 대신 종이 신문을 고집하는 이유이다.

내가 주체가 되어 나만의 언어로 내 생각을 표현하는 글을 쓰기 위해서는 잘 쓰여진 글을 많이 읽고 영감을 받는 게 중요하다. 글을 쓰기 전에는 인풋에만 신경을 썼다. 정보를 수집하고 쌓아 두기에 바빴다. 하지만 이제는 아웃풋을 염두에 두고 신문을 읽는다.

18

나를 알게 해주는 일기 쓰기

2009년 10월 20일은 사법시험 2차 합격자 발표가 있는 날이었다. 그날은 아침부터 아무것도 먹지도 못하고 컴퓨터 앞에 앉아서 발표 시간만을 목이 빠지게 기다렸다. 합격자 발표가 난 순간 모니터를 뚫어져라 바라보면서 마우스 스크롤을 오르내리기를 몇 번, 불행히도 내 이름은 없었다. '왜 내 이름이 없지?' 나는 발표가 잘못 난 것으로 생각했다. 한 30분을 멍하니 모니터만 바라보다 이불을 머리끝까지 뒤집어쓰고 자리에 누웠다. 힘들었던 지난 시간이 생각나면서 서글퍼졌고 눈물이 차올랐다. 정말 열심히 공부했는데 너무 억울했다. 그렇게 한참을 울다 일어나 집 근처 독서실부터 다시 등록했다. 가만히 있으면 안 될 것 같았다. 독서실도 새롭게 등록하고 짐도 옮겨놨지만 그 다음 날도 계속 울었던 걸 보면 쉽게 마음이 정리되지 않았던 것 같다.

합격자 발표 후 이틀이 지나고서야 나는 독서실 자리에 앉아 일기장을 펼치고 생각나는 대로 마음속 생각을 적어 나가기 시작했다. 왜 합격자 명단에 내 이름이 없는지 모르겠다는 의구심, 원망, 억울함을 일기장에 쏟아냈다. 앞으로 어떻게 할지에 대한 다짐도 함께 썼다. 신기하게도 쓰다 보니 마음이 차분해지는 게 느껴졌다. 불합격 사실이 받아들여지고 다시 도전할 수 있다는 용기가 생기고 감사하는 마음이 고개를 들었다. 어쩌면 글을 쓰면서 치유를 받았다는 경험이 이때가 처음이지 않았나 싶다.

일기는 치유의 공간

나는 초등학교 시절부터 일기를 쓰기 시작했다. 방학 숙제에 항상 일기 쓰기가 있어서 개학 전날이면 밀린 일기를 쓰느라 진땀을 뺐던 기억이 난다. 그건 단지 검사를 받기 위한 일기였다. 대학생 때의 일기는 오늘 무슨 일이 있었는지 간략히 메모하는 일기였다. 내가 본격적으로 일기라고 불릴만한 것을 쓰기 시작한 것은 사법시험을 준비하면서부터였다.

공부를 하면 혼자 있는 시간이 많아진다. 밥을 먹고 수업을 들으러 학원을 가거나 스터디를 하는 경우 외에는 오로지 '혼자'의 생활을 해야 한다. 혼자 있는 시간이 많다 보니 노트에 뭔가를 적는 게 자연스러웠다. 처음에는 답답한 마음에 적기 시작했는데 의외로 효과가 좋았다. 기분이 좋을 때도, 우울할 때도, 답답할 때도, 공부가 하기 싫어 미쳐버릴 것 같을 때도 무조건 적었다. 그러면 어느 정도 답답한 마음이 해소됐다. 내가 선택한 공부였기에 부모님께 힘들다고 투정부릴 수도 없는 노릇이고 어딘가에는 마음을 털어놔야 하는데 그게 나한테는 일기장이었다.

일기 쓰기의 방법은 다양하고 정해진 것도 없었다. 때로는 감사를, 때로는 힘들다는 감정을 세 줄로도 썼다가, 편지로도 썼다가 그림을 그리기도 했다. 나는 화가 나는 일이 있는 날에는 짜증 난다, 화가 난다는 말을 적었고 감사할 일이 있는 날에는 감사의 마음을 담아 일기를 썼다. 가끔은 나한 테 '오늘도 수고했어'라면서 편지를 보내기도 했다.

나는 지금까지도 일기장을 낙서장처럼 내 마음을 써 내려가는 가장 편한 공간으로 활용하고 있다. 지금은 주로 하루를 돌아보며 잠자기 직전에 일기를 쓰지만 꼭 자기 전이나 다음 날 아침에 써야 한다고 한정할 필요는 없다. 일기를 쓰면서 나를 만나는 시간을 갖는 것 자체가 중요하다.

일기장이 없을 때는 그냥 메모지에 적어놓고 나중에 일기장에 붙이기도 하고 메모 앱에 먼저 적어두기도 한다. 손으로도 써보고 핸드폰 앱이나 컴퓨터로도 써봤는데, 내 경우에는 디지털보다는 아날로그가 더 좋은 것 같다. 특히 힘들거나 지칠 때 일기를 쓰면 위로도 받고 상처도 치유되는 기분을 얻는다. 가끔은 한참 전에 쓰던 손 때 묻은 일기장을 꺼내볼 때가 있는데 보고 있으면 마음이 뿌듯해진다.

자기 객관화에 도움이 되는 일기 쓰기

일기를 매일 쓰면 좋겠지만 그게 생각만큼 쉬운 일은 아니다. 대신 나는 꾸준히 쓰려고 노력한다. 플래너를 쓰고 있기 때문에 꼭 일기장이 아니더라도 매일 뭐라도 적는다. 하루에 있었던 일이나 감정을 쓰기도 하고 그날 본 드라마가 있다면 그에 대한 느낌을 적기도 한다. 그렇게 적다 보면 자연스럽게 하루를 돌아보게 된다. 일기에는 하고 싶은 말을 쏟아낼 수도 있고 내 생각과 감정을 고스란히 드러낼 수도 있다. 누군가에게 보여주기 위한 글이 아니기 때문에 편하고 솔직하게 쓴다. 가끔은 나 몰래 누가 보지는 않을까 하는 마음이 들기도 하지만 지금은 '볼 테면 봐라'는 심정으로 그냥 편하게 쓴다. 왜 드라마를 보면 남의 일기장을 몰래 훔쳐보는 장면이 나오지 않나. 한때는 누가 볼까 걱정이 돼 자물쇠가 있는 일기장을 사서 써보기도 했지만 매번 자물쇠를 여닫고 열쇠를 보관하는 것도 여간 성가신 일이 아니었다.

일기장은 나만의 이야기가 담긴 보물이다. 하지만 일기장이 차곡차곡 쌓이다 보니 어느 순간부터는 내 자식에게 물려

주고 싶은 것 중 하나가 되었다. 간혹 돌아가신 아버지가 그리울 때 아버지가 쓴 일기나 글이 있었으면 어땠을까 하는 생각을 해본다. 마찬가지로 내 아이가 어른이 되어 엄마가 그리울 때면 엄마가 어떤 생각을 하고 어떻게 하루를 보냈는지, 어떻게 살았는지 궁금할 때 내가 쓴 일기장을 꺼내 봤으면 하는 마음이 들기도 한다.

요즘은 꼭 일기라는 형식이 아니더라도 누구나 자신의 경험을 어떤 형태로든 기록한다. 핸드폰 카메라는 그런 점에서 기록을 쉽게 하도록 도와준다. 하지만 사진이나 영상은 그때의 내 생각과 감정까지 포함해 기억을 더듬어 주기에는 한계가 있다. 이런 점에서 글은 사진이나 영상보다 낫다고 할 수 있다. 과거의 일기장을 보면 내가 이런 생각을 하고 살았구나, 이런 일이 있었네 하면서 과거의 일을 마치 오늘처럼 새롭게 보게 해준다. 그리고 화가 나서 쓴 예전의 일기를 보다 보면 그렇게 화가 날 일이었나 싶어 낯이 뜨거워지기도 한다. 이렇게 과거의 일기를 보다 보면 오늘 주어진 하루가 참 감사하다는 생각도 든다. 이처럼 내가 처한 상황을 객관적으로 바라볼 수 있도록 하는데 일기만큼 좋은 것도 없다.

의뢰인에게도 권하는 일기 쓰기

나는 의뢰인에게도 일기를 써보라는 말을 가끔 한다. 변호사를 찾아오는 사람들은 대부분 심신이 지친 분들이다. 상담하다 보면 사건 이야기만 할 수 없고, 왜 이런 일이 자신에게 일어났는지 너무 힘들고 답답하다는 식의 감정을 토로하는 분들도 많다. 그분들에게 나는 자신의 마음을 글로 한 번 적어보라고 권한다. 그리고 필요한 경우 의뢰인이 쓴 일기를 법원에 제출하기도 한다. 법원에 제출하는 서면에는 법리적으로 검토한 내용만 담지는 않는다. 때로는 감정에 호소하는 내용을 담을 때도 있다. 판사도 사람이고 재판도 사람이 하는 일이라 의뢰인이 얼마나 힘들고 억울한지 서면에 녹여내면 좋은 결과를 얻는 데 도움이 되기도 한다.

변호사는 다른 사람을 법적으로 도와주는 사람이다. 타인에 대한 이해가 전제되지 않는다면 온전히 그 사람의 편을 들기가 쉽지 않다. 그리고 타인의 감정과 상황을 잘 이해하기 위해서라도 나 자신을 먼저 이해하는 것이 중요하다. 또 스스로 일에 대한 가치와 기준을 바로 세우고 있어야 의뢰인에게 제대로 된 조언(사건 해결 방안)도 할 수 있다. 나는 변호사라면 단지 돈을 벌기 위해서가 아니라 의뢰인에게 도움이 되는 가장 좋은 해결 방안이 무엇인지를 알려줄 수 있어야 한다고 생각한다. 그것은 무조건 승소만을 뜻하지 않는다. 때로는 적절한 합의가 의뢰인을 더 도울 수도 있다. 이런 점에서 나는 일기를 쓴다는 것이 자신을 이해하는 일인 동시에 의뢰인을 돕는 기준을 세우는 데에 도움이 되는 일이라고 생각한다.

글쓰기는 자기 생각을 글로 표현하는 것이고 일기 쓰기는 그중에서도 자기 생각이나 감정을 제일 솔직하게 담아내는 글이다. 일기를 쓰다보면 자연스레 나를 알아가게 된다. 그 과정에서 내 마음 또한 견고해진다. 내 마음 앞에서 내가 진실할 때 글 속에 힘이 담긴다. 좋은 글쓰기는 바로 이럴 때 나온다. 일기 쓰기는 좋은 글을 쓰기 위한 가장 기본적인 마음가짐을 하게 해주는 활동이다. 오늘 하루, 솔직한 마음을 담아 단 한 줄이라도 일기를 써보면 어떨까.

19

글쓰기의 시작은 메모하기

우리 변호사 사무실을 문턱이 닳도록 자주 드나드는 의뢰인이 있었다. 욱하는 성격 때문인지 사건 사고가 끊이지 않는 분이었다. 그 의뢰인은 매번 와서는 그냥 이야기하는 법 없이 "아, 그러니까 변호사님 이것 좀 들어보세요"라고 하면서 핸드폰으로 녹음된 대화 내용을 들려주었다. 핸드폰 안에는 폴더 별로 녹음 날짜와 누구와의 대화인지가 표시된 파일이 수두룩했다. 항상 계약서도 챙기면서 계약 당사자와의 대화도 반드시 녹음하는 듯했다. 만약 의뢰인에게 무슨 법적인 문제가 발생한다면 법정에서 제시할 수 있는 증거는 언제나 충분해 보였다.

"증거는 있나요?" 이 말은 내가 상담하면서 의뢰인에게 어김없이 물어보는 말 중 하나다. 재판은 증거싸움이기 때문이다. 의뢰인 중에는 앞의 분처럼 조금은 병적으로 녹음 파일을 항상 챙기는 분도 있고 필요한 자료를 클리어 파일에 빼곡하게 끼워 넣고 사실관계를 일목요연하게 정리해 오는 분도 있다. 하지만 반대로 기억이 잘 안 난다거나 서류를 잃어버렸다고 하는 분들도 꽤 많다. 이 둘의 차이는 무언가를 어떤 형태로든 남겨두었느냐 그렇지 않았냐 인데, 결국 소송에서 이길 확률은 당연히 기록(증거)을 가진 쪽이 유리하다.

사전적 의미로 '기록'은 후일에 남길 목적으로 어떤 사실을 적는 것을 말하고, '메모'는 다른 사람에게 말을 전하거나 자신의 기억을 돕기 위하여 짤막하게 글로 남기는 것을 말한다. 굳이 메모나 기록을 엄격하게 구분하지 않는다고 한다면 내 경우에는 아날로그든 디지털이든 주로 글로써 메모를 남긴다고 할 수 있다.

의뢰인들이 사후에 문제 소지가 될 수 있는 내용을 미리 염려하는 것을 이유로 메모를 남긴다면, 변호사에게 메모는 생각을 정리하기 위한 도구로서의 의미가 크다. 그리고 나는 여기에 개인적인 이유를 하나 더 보태 '흔적을 남기기 위한 기록'으로도 메모를 말하고 싶다.

변호사에게 메모는 필수

글 쓸 일이 많은 변호사에게 메모는 아마 필수이지 않을까 싶다. 어떤 사건을 수임 받아 서면을 작성하는 일이 생길 때면 아무런 바탕 없이 무턱대고 글을 써 내려가기는 힘이 든다. 그래서 의뢰인과 상담할 때, 업무 중 전화를 할 때, 사건기록을 검토할 때, 판례나 법리를 찾을 때, 조사 입회나 재판에 출석할 때 등 언제 어디서나 메모하는 것이 습관화되어 있다. 내 경우 평소에도 메모하는 걸 선호하는 편이지만 일과 관계되어서는 도구를 가리지 않고 메모를 하는 편이다.

메모 내용은 사실관계에 대한 것들, 어떤 법리가 적용될 수 있는지 떠오르는 아이디어, 판례를 찾아봐야겠다는 다음 업무에 대한 생각까지, 정말 많은 것들을 메모한다. 나는 메모할 때 주로 종이와 펜을 쓴다. 그리고 스마트폰 같은 전자

매체보다는 아날로그 도구를 선호한다. 왠지 손을 써야 생각이 잘 나는 것 같기도 하고 표, 그림 등을 사용해 생각의 가지를 뻗칠 때 노트나 수첩 같은 것이 메모하기 편하기 때문이다.

의뢰인이 경찰이나 검찰에서 피의자 혹은 피해자로 조사를 받을 때 변호사가 같이 갈 수 있다. 이 시간이 짧게는 두 시간, 길게는 열 시간이 넘는 조사가 될 수 있는데 변호사는 그동안 의뢰인 옆에서 그림자처럼 있으면서 피의자나 피해자를 돕는 일을 한다. 그렇다고 변호사가 의뢰인을 대신해 말을 하지는 않는다. 자칫 잘못하면 수사에 방해될 수 있기 때문에 변호사는 그저 방해되지 않을 선에서 피의자를 조력하고 피해자(고소인)의 신뢰관계인으로 동석한다.

의뢰인이 조사를 받을 때 나는 펜과 종이를 꺼내 계속 메모를 한다. 초임 변호사 시절에는 잘 몰라서 속기사가 된 마냥 모든 내용을 다 받아 적었다. 하지만 지금은 조서(수사기관이 조사한 내용이 담긴 문서)에 반드시 들어가야 할 내용이나 수사관이나 검사에게 확인해야 할 사항이나 앞으로 무엇을 준비해야 할지 정도만 간단히 메모한다.

증인신문이 없는 경우 10분 남짓이면 끝나는 재판에서도 메모는 필수이다. 나는 재판에 들어가기 전 재판부를 향해 무슨 말을 할지도 미리 메모한다. 미리 메모하는 이유는 스스로 임기응변에 능하다고 생각하지 않고 반드시 해야 할 말을 빠트리지 않기 위해서다.

문제가 될 쟁점을 미리 파악하고 준비하는 것이 변호사로서 내가 해야 하는 일이다. 이 모두는 어느 하나 허투루 여겨서는 안 되는 것들이다. 사건기록을 검토하고 주장과 근거를 추리는 작업을 할 때도, 차질 없이 다음 재판 준비를 위해서도 메모는 계속된다. 의뢰인과의 상담, 조사 입회, 재판에 이르는 일련의 과정에서 했던 모든 메모는 의견서나 서면 작성의 재료가 된다.

메모는 생각을 정리하는 도구

일 할 때뿐만 아니라 일상생활 속에서도 나는 글로 생각을 정리하고 다른 이의 말을 기억하기 위해 메모를 한다. 책에 밑줄을 긋고 필기를 하는 것 역시 메모의 일환이다. 그리고 공부한 내용을 나만의 언어로 정리하는 일에도 메모가 필요하다. 이처럼 메모는 단순 기록의 의미를 넘어 생각을 정리하는 도구로도 활용된다. 머릿속을 떠돌아다니는 생각들도 종이에 옮겨 적으면 보이지 않던 해결의 실마리가 보일 때가 있다. 그래서 나는 머릿속이 복잡하거나 정리가 되지 않을 때면 항상 펜을 들고 메모할 준비를 한다. 최근에는 브레인스토밍과 마인드맵을 활용하는 메모를 많이 하는데 생각정리연구소 복주환 작가의 책『생각정리스킬』이라는 책에서 힌트를 많이 얻었다. 작가는 법무연수원에서 검사를 대상으로 생각 정리 스킬에 대한 강의를 하기도 했다.

브레인스토밍은 회의할 때 아이디어를 발산하는 방식인데 나는 사건기록을 검토할 때 이 방식을 주로 쓴다. 사건기록을 검토하면서 법리, 판례, 필요한 증거 등 머릿속에 아이디어가 떠오를 때마다 무작정 메모를 하고, 이를 토대로 리서치를 하면서 서면에 담을 주장과 근거를 추리는 작업을 한다. 주장과 근거가 뼈대라면 메모했던 내용은 살이 되어 한 편의 글(서면)이 완성된다.

마인드맵은 나무에서 가지가 뻗어 나가는 것처럼 핵심 주제에서 관련 내용으로 세부 디테일을 완성할 때 쓰기에 좋은 도구인데, 서면이 아닌 일반 글을 쓸 때 혹은 강의를 준비할 때 목차 작성용으로 활용하기에 좋다. 지금 쓰고 있는 이 책역시 마인드맵으로 뼈대를 먼저 완성한 다음 글감을 뼈대에붙이는 식으로 글을 썼다. 마인드맵으로 목차를 짜면서 생각나는 키워드를 미리 메모해두면 나중에 글을 쓰고자 할 때막막함이 사라지는 효과를 얻을 수 있다.

글쓰기를 위한 메모 습관

블로그나 브런치에 올리는 정보성 콘텐츠의 글감 수집에도 메모를 활용한다. 평소 의뢰인들이 많이 하는 공통된 질문들, 책이나 신문을 보면서 떠오른 것들, 이 모두가 글감이된다. 예전에는 플래너나 다이널리스트 앱에 글감을 메모했지만 요즘에는 노션이라는 프로그램을 주로 이용한다. 노션은 글감 별로 각각의 페이지로 구성할 수 있어서 관련 내용이 떠오를 때마다 기록해두고 분류하기에 좋다. 문장이나 짤막한 글은 네이버 메모 앱을 이용해 메모한다. 이렇게 모은 메모는 노션에 해당 주제와 관련이 있는 글감이 있다면 그곳으로 다시 옮겨 재정리를 한다.

작가 신정철은 『메모 습관의 힘』이라는 책에서 메모를 통해 자료를 수집하고 내 생각을 적어 나가면서 글을 쓸 수 있게 되었고, 글을 쓰면서 나만의 콘텐츠가 만들어졌다고 말했다. 그러면서 메모가 창의적인 아이디어를 가져다주는 도구 역할을 한다고 강조했다. 나 역시도 본격적으로 글쓰기를 시작하면서 메모가 중요하다는 것을 더더욱 깨닫고 있다. 어쩌면 글을 쓰고 책을 낼 수 있게 된 것도 모두 메모 습관 때문이었는지도 모르겠다. 이제는 일상, 업무, 의뢰인의 말 한 마디 한 마디가 더이상 스쳐 지나가는 일로 여겨지지 않는다. 동네 산책을 하다가도 불현듯 글감이나 문장이 떠오를 때가 있다. 그럴 때면 어김없이 핸드폰의 앱을 열고 짤막하게나마 메모를 남긴다.

나는 변호사로 일할 때도 그리고 글을 쓸 때도 항상 메모를 끼고 살았다. 백지 위에 일필휘지로 글을 써본 적은 단 한 번도 없다. 글(서면이든 블로그 글이든)을 쓰기 전에 먼저 생각을 정리했고 생각을 위한 도구로 메모를 적극 활용했다. 한 편의 글을 완성하는 게 부담스러울 때는 짤막한 메모부터 시작했다. 메모가 모이면 한 편의 글이 된다. 어느 시인의 시구를 빌려 표현하면 내 글쓰기를 키운 건 팔 할이 메모였다.

20

글 쓰는 시간 만들기

"자기도 글을 써봐."

"내가 그럴 시간이 어디 있어."

남편이 글을 썼으면 하는 마음에 가끔은 글쓰기를 권한다. 주변 사람에게도 글쓰기나 블로그 운영을 해보라고 한다. 하지만 돌아오는 대답은 언제나 한결같다. 시간이 없다. 그런데 진짜 시간이 없을까. 내가 글을 쓰는 시간에 남편은 다른 취미 활동을 한다. 결론적으로 얘기해 시간이 없어서가 아니라 관심이 없어서다. 관심의 정도, 우선순위에 대한 스스로의 기준 때문에 우리는 다른 선택을 하는 것일 뿐이다. 그러니 시간이 없어서 글을 못 쓴다는 것은 핑계일 뿐이다.

시간 관리를 하는 이유는 일의 우선순위를 잘 결정하고자 하기 때문이다. 하지만 이를 항상 생각한 대로 적용해서 일하기란 결코 쉽지 않다. 나는 아이젠하워의 시간 매트릭스를 참고해서 일의 우선순위를 결정한다. 이미 여러 책에서 소개한 시간 관리 방법 중 하나인데, 간단히 말하자면 일의 긴급도와 중요도에 따라 우선순위를 분류하는 방법이다. 긴급하고 중요한 일은 지금 당장 처리하고, 긴급하지 않지만 중요한 일은 계획을 세워서 시간을 확보한다. 또 긴급하지만 중요하지 않은 일은 줄이거나 위임을 하고, 긴급하지도 않고 중요하지도 않은 일은 아예 안 하면 좋겠지만 그럴 순 없으니 가급적 줄이도록 노력한다.

아래는 이런 방식으로 나의 업무를 긴급도와 중요도에 따라 분류한 것이다.

긴급○ 중요○ : 즉시 처리	긴급× 중요○ : 계획 세우기
서면 작성, 의뢰인 상담, 재판 준비 등	블로그 글쓰기, 독서 등 자기계발
긴급○ 중요× : 축소 또는 위임	긴급× 중요× : 없애거나 줄이기
이메일 확인	인터넷 서핑, 불필요한 SNS

내가 쓰는 글은 두 종류로 나뉜다. 하나는 변호사 일과 직접 관련된 서면을 쓰는 것이고, 다른 하나는 블로그에 올릴 요량으로 정보성 글을 쓰는 일이다. 둘 다 법과 관련된 글쓰기지만 성격은 조금씩 다르다. 서면을 쓰는 일이 긴급하고 중요한 일이라면, 정보성 글을 쓰는 일은 긴급하지 않지만 중요한 일이다.

긴급하고 중요한 일은 누구나 가장 빠르게 처리한다. 이 시간마저 확보하지 못한다면 일을 줄이거나 다른 사람에게 위임하는 방법밖에 없다. 하지만 블로그에 글을 쓰지 않는다고 해서 당장 나에게 무슨 일이 생기는 것은 아니다. 그럼에도 블로그를 통해 사건 수임도 되기 때문에 긴급하지 않더라도 장기적으로 보고 꾸준히 해야 한다. 그래서 이 일 역시도 긴급하면서도 중요한 일로 전환하기 위해서는 글 쓰는 시간을 확보하는 계획을 세워야 한다.

글쓰기 코치이기도 한 작가 김선영은 자신의 책 『나도 한 문장 잘 쓰면 바랄 게 없겠네』에서 "(글을) 잘 쓰고 싶은 욕심이 있으면 '일상 조절'을 해야 합니다"라고 했다. 이는 글쓰기에 보탬이 되는 독서, 메모, 산책, 운동 등의 새로운 경험은 늘리고 반대로 글쓰기에 방해가 되는 TV나 유튜브 시청, 스마트폰 사용, 음주는 줄이라는 뜻이다.

좋은 글을 쓰려면 사색의 시간을 많이 가져야 한다. 충분히 생각이 익어야 자연스러운 글이 나온다. 그런데 영상이나 스마트폰만 쳐다보고 있으면 생각의 틈을 놓치게 되고 결국에는 비판 없이 그냥 그대로 받아들이게 된다. 그래서 유튜브 시청은 하루에 30분만 한다든지 자신만의 기준을 만들고 그 안에서 절제하며 보는 것이 중요하다.

선택과 집중이 필요하다

나는 매년 연말이 되면 한 해를 돌아보고 다음 해를 위한 연간 계획을 세운다. 연간 계획부터 월간, 주간, 일일 계획은 모두 나의 사명과 비전을 토대로 작성된다. 사명과 비전은 나아가 일의 우선순위를 결정하는 기준이 되기도 한다.

나의 사명과 비전을 밝혀보면 첫 번째는 인격적으로 성숙하고 선한 영향력을 미치는 사람, 두 번째는 배움과 성장을 통해 타인과도 소통하는 자기경영인, 세 번째는 의뢰인에게 가장 이익이 되는 방향을 제시하는 법조인이다. 사명과 비전이라고 말하기는 그렇지만 '일과 가정의 균형' 역시 내가 일의 우선순위를 결정하는 중요한 기준이다. 이처럼 나만의 기준을 갖고 있다면 아무리 할 일이 많다 하더라도 혼동스럽지 않고 무엇이 중요하고 그렇지 않은지 판단해서 선택과 집중이 어렵지 않도록 도와준다. 이는 낭비되는 시간이 없어진다는 뜻이 되기도 한다.

이 밖에도 나는 업무에 보다 집중할 수 있는 환경을 만들기 위해 의뢰인을 만나고 상담을 하는 것에 있어서도 나만의 시스템을 만들어서 운용 중이다. 그 중 하나가 상담 예약은 이메일로만 받는 것이다. 급하니까 잠깐만 전화로 상담해 달라는 분들이 있는데, 간혹 이야기하다 보면 훌쩍 한 시간이 넘어가는 경우가 허다하다. 그래서 이래서는 안 되겠다는 생각 끝에 정해진 시간 외에는 가급적 상담을 하지 않기로 했다. 그래서 사무실로 전화해서 "지금 상담 되나요"라고 물으면 나는 힘들다고 간곡히 거절한다. 실제로 내 일정이 허락하지 않는 경우도 많다.

나는 상담은 수박 겉핥기식으로 대충 하고서 사건 수임이 되도록 유도하는 일은 지양한다. 제대로 된 법률가이드를 의뢰인에게 제시하기 위해서는 충분한 시간이 필요한데, 그러기 위해서는 사전에 이메일로 충분히 의뢰인의 문제 사항을 확인하고 그런 다음 전화나 대면 상담을 하는 게 더 효율적이라고 생각한다.

일에서의 효율과 집중이 중요한 것처럼 법률 분야에도 일종의 전문성이라고 할 수 있는 집중이 필요하다. 한때는 내가 제너럴한 변호사가 되어야 할지, 전문 분야를 가진 변호사가 되어야 할지 고민했던 적이 있다. 지금은 전문 분야의 변호사가 되는 것이 집중력을 높여 일하고 의뢰인에게 좀 더 나은 서비스를 제공하는 방법이라고 생각한다. 그래서 현재는 성폭력과 이혼 분야로 집중해서 의뢰인을 받고 있다. 국선변호사를 하면서 성폭력 피해자 변호를 경험하기도 했고, 여성 의뢰인 중에서 일부러 여자 변호사를 찾아 이혼 상담을 하는 경우도 있다 보니 자연스럽게 이 분야로 나의 전문성이 정해지고 있다. 요즘에는 의뢰인도 특정 분야의 전문성이 있고 관련 사건을 많이 다룬 변호사를 찾는다. 그래서 변호사로 다양한 사건을 다루는 것도 중요하지만 자신이 원하는 분야를 선택하고 집중할 필요가 있다고 생각한다. 이는 결국 시간을 아끼고 절약하며 효율적으로 일하기 위한 선택이기도 하다.

시간 관리를 돕는 도구, 바인더

나는 시간 관리를 위한 도구로 플래너(다이어리)를 사용한다. 플래너를 사용하기 시작한 것은 중학교 때부터였다. 손글씨 쓰기를 좋아하는 나는 취미처럼 하루 일정을 다이어리에 기록하고 오늘의 할 일, 준비물 등을 챙기곤 했다. 그런데 이 습관이 지금까지도 이어져 오고 있다. 중간마다 종류만 바뀌었을 뿐 플래너를 사용하는 사실 자체에는 변함이 없다.

현재 내가 사용하는 플래너는 바인더이다. 문구점에서 쉽게 구할 수 있는 커버에 속지를 넣다 뺐다 교체 가능한 것으로 쓰고 있다. 메모할 수 있는 페이지나 형식이 정해서 나오는 다이어리식 수첩은 내가 쓰지 않는 부분도 있고 필요한 부분을 추가할 수 없다는 단점도 있지만 바인더는 속지를 내 마음대로 바꾸고 필요한 부분을 넣고 빼고가 쉽다는 장점이 있다. 나는 주로 A5 크기의 20공 바인더를 쓴다. 예전에는 바인더 속지를 직접 만들기도 했지만 현재는 플랜커스라는 회사에서 만든 속지를 주로 쓴다.

업무는 아이패드를 사용해 디지털 플래너로 관리하고 있고 사건 정보는 엑셀파일로 따로 정리한다. 변호사의 업무는 의뢰인 상담, 서면 작성, 재판 출석, 경찰이나 검찰 조사 입회, 각종 위원회 활동, 강의 등이 있다. 의뢰인과 상담을 하거나 서면을 쓰는 일 이외에는 모두 외부 활동이다. 새로운 일정이 생기면 네이버 캘린더에 입력하고, 이어서 디지털 플래너에도 한 번 더 적는다. 이렇게 두 번의 과정을 거치면 번거롭지 않느냐 생각할 수도 있지만 습관처럼 하는 일이라 번거롭게 느껴지지는 않는다. 두 번씩 적는 이유는 각각의 쓰임이 조금씩 다르기 때문이다. 결국에 더 빠르게 일정이나 정보 등을 확인하기 위해서인데, 네이버 캘린더에 메모를 해두게 되면 스마트폰을 이용해 내 일정을 바로바로 파악할 수 있고 알림 설정도 가능하다는 장점이 있다. 그리고 사무실에서는 PC로도 확인할 수 있다.

　디지털 플래너의 경우 전체 일정을 한 눈에 볼 수 있다는 장점이 있고 내가 시간을 어떻게 사용하는지도 한 눈에 파악할 수가 있다. 그리고 집에서 업무를 볼 때도 편리하다. 집에 있는데 갑자기 의뢰인에게 전화가 오면 나는 아이패드를 켜고 굿노트 앱을 실행해 그곳에 빠르게 상담 내용을 적어 내려간다. 그러고 나서 사무실에서 나중에 확인하고 정리하는 일을 한다. 아이패드로 일정을 관리하기 시작한 지는 아직 얼마되지 않았다. 법정에 갈 때 무거운 기록을 들고 다니기가 버거워서 아이패드에 기록을 담아 다니기 시작했는데, 아이패드를 잘 활용하는 지인이 아이패드의 플래너앱을 쓰면 편리하다는 사실을 알려주었다. 그동안은 아날로그만 고집했는데 디지털을 써보니 나름대로 장점이 있어 온라인 플래너 사용에도 익숙해지려고 노력 중이다. 그리고 디지털 플래너라고 하지만 애플펜슬로 기록하기 때문에 손맛이 완전히 배제되었다고 할 수도 없다.

　대충 눈치챘겠지만 나는 하루의 시작과 끝을 바인더와 함께 한다. 이것저것 모든 게 다 적혀 있다 보니 내 바인더는 알

록달록하다. 업무는 빨간색, 자기계발은 파란색, 모임이나 친교는 보라색, 육아나 여가 활동은 초록색으로 구별해서 쓴다. 다른 사람 눈에는 복잡해 보이겠지만 시간을 어떻게 쓰고 있는지 나는 한눈에 파악할 수 있다. 다만 업무는 일정 정도만 간략하게 바인더에 적고 나머지 메모는 아이패드를 주로 활용한다.

아직까지는 하루, 한 주, 한 달, 연간 단위의 계획을 한눈에 볼 수 있고 시각화하기에도 유리한 아날로그 방식의 바인더를 일상 플래너로 활용하고 있다. 나는 목표와 계획은 눈에 보이도록 해야 실천 가능성이 높아진다고 믿는다. 그래서 낮에는 핸드폰으로 메모를 하고, 하루를 마감하는 시간이 될 때면 메모들을 다시 바인더로 옮겨 적는 식으로 하루를 기록한다. 그러면 다람쥐 쳇바퀴 돌 듯 보낸 하루가 조금은 특별하고 의미 있게 다가온다.

일과 육아를 같이 하면서부터는 온전히 나를 위해 글 쓰는 시간을 갖기가 더욱 힘들어졌다. 그만큼 글 양도 줄었다. 잠을 줄인다 해도 글 쓰는 시간이 확보되는 것은 아니다. 대신 우선순위를 정하고 집중할 수 있는 환경을 만드는 것이 업무 효율도 높이고 글 쓰는 시간 확보에도 도움을 준다. 바인더에 일거수일투족을 기록하는 것은 낭비하는 시간을 줄이고자 했던 고민과 노력이 빚어낸 나만의 시스템이다. 글을 쓴다는 것은 바로 이런 시간 관리 시스템부터 만드는 것인지도 모르겠다.

시간이 없어 글을 쓰지 못한다는 분들에게 해주고 싶은 말은 이 한마디로 요약이 된다. 시간이 없어서 글을 못 쓰는 것이 아니라 글을 쓰고 싶은 마음이 없어서 시간이 없는 거라고.

변호사의 글쓰기 습관
논리적이고 인간적으로 설득하는 법

초판 1쇄 발행 2022년 7월 18일

지은이 문혜정
펴낸이 김옥정

만든이 이승현
디자인 유어텍스트

펴낸곳 좋은습관연구소
주소 경기도 고양시 후곡로 60, 303-1005
출판신고 2019년 8월 21일 제 2019-000141

이메일 buildhabits@naver.com
홈페이지 buildhabits.kr

ISBN 979-11-91636-32-1

좋은습관연구소에서는 누구의 글이든 한 권의 책으로 정리할 수 있게 도움을 드리고 있습니다. 메일로 문의주세요.